Ermel

Cahier de l'élève

MATHS CP

Cycle des apprentissages fondamentaux

Anne-Marie Chapon

Françoise Paletou

HATIER

Coordination éditoriale : Myriam Linguanotto
Mise en page : Catherine de Trégomain
Illustrations : François Daniel
Schémas : Domino
Calligraphie : Nicole Vilette
Conception graphique : Graphismes

© HATIER - Paris 2000 - ISBN : 2-218-73390-0

Avant-propos

Les maîtres qui ont expérimenté les situations présentées dans *Ermel – Apprentissages numériques et résolution de problèmes*, soit dans le cadre de la recherche, soit après la parution des ouvrages de la Grande Section, du CP et du CE1 nous ont dit leur difficulté à gérer des progressions riches mais coûteuses en temps de préparation.

C'est pour répondre à cette demande que nous avons conçu, à partir d'*Ermel – Apprentissages numériques au CP*, de nouveaux outils de travail :

– un *Cahier de l'élève* (avec 6 planches de matériel individuel) qui permet de conserver une trace écrite des différentes activités proposées par *Ermel* ;

– des *Numéricartes*, un matériel collectif composé de jeux de cartes et de posters et destiné à faciliter la mise en place de certaines activités décrites dans l'ouvrage de référence ;

– un *Guide d'utilisation* pour le maître, dont l'objectif est de faire le lien entre l'ouvrage de référence *Ermel CP, le Cahier de l'élève* et les *Numéricartes*.

Le *Cahier de l'élève* offre aux maîtres, aux parents mais surtout aux élèves un support sur lequel figurent des énoncés de problèmes, des exercices écrits d'entraînement, de réinvestissement et d'évaluation, ainsi que des feuilles de jeu permettant de garder la trace du déroulement d'un jeu.

Tel qu'il est conçu, le *Cahier de l'élève* n'est pas un manuel au sens traditionnel du terme :

– organisé par périodes, par quinzaines et par thèmes, il n'est pas complètement linéaire, assurant ainsi une souplesse d'utilisation que l'on ne trouve pas toujours dans un manuel ;

– tous les énoncés, les règles et les consignes ne figurent pas dans ce cahier, d'où les renvois fréquents à l'ouvrage *Ermel CP* qui reste la référence indispensable ;

– les élèves travaillent sur ce cahier pour répondre aux questions qui leur sont posées mais aussi pour chercher, mettre au point une démarche, effectuer des calculs, etc. ;

– le maître peut aussi y faire figurer d'autres écrits (fiches de recherche, fiches photocopiables, exercices supplémentaires) en utilisant la marge pour les coller.

Notre objectif sera atteint si l'utilisation conjointe du *Cahier de l'élève, des Numéricartes* et du *Guide d'utilisation*, en liaison avec l'ouvrage de référence, permet une mise en œuvre plus aisée des méthodes d'éducation mathématique préconisées par l'équipe ERMEL/INRP.

Les Auteurs

Comment utiliser le Cahier de l'élève

ORGANISATION DU CAHIER

Le *Cahier de l'élève* est organisé en cinq périodes de trois quinzaines chacune.

Chaque période s'ouvre sur le sommaire des différentes activités donnant lieu à une trace écrite dans le *Cahier de l'élève*.

Les activités, issues d'*ERMEL CP*, sont regroupées et se succèdent dans l'ordre des quatre grands thèmes de l'ouvrage de référence.

Pour faciliter le repérage, chaque thème est associé, dans le *Cahier de l'élève*, à une couleur :

- (orange) activités du thème « **Les nombres pour mémoriser** » ;
- (vert) activités du thème « **Problèmes** » ;
- (bleu) activités du thème « **Les nombres pour anticiper et pour calculer** » ;
- (jaune) activités du thème « **Connaître les nombres** ».

À l'intérieur du cahier se trouvent six planches de matériel individuel destiné à faciliter l'appropriation de certaines connaissances.

– Planche 1 :
la bande numérique ;
– Planche 2 :
les cartes pour la réussite ;
– Planche 3 :
les gommettes autocollantes ;
– Planche 4 :
les cartes pour les maisons à construire ;
– Planche 5 :
les jetons pour le jeu du banquier ;
– Planche 6 :
le compteur à quatre roues.

QUELQUES REPÈRES

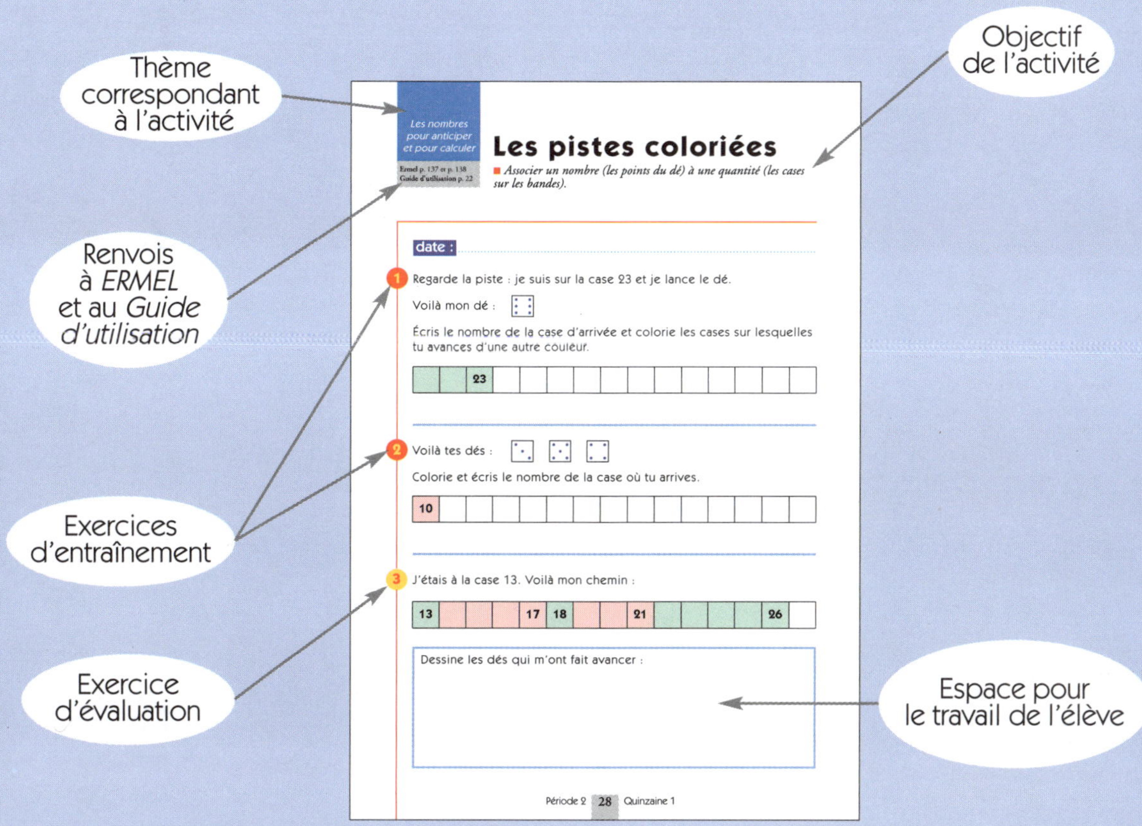

Le *Cahier de l'élève* contient des feuilles de jeu permettant à l'élève de garder la trace du déroulement d'un jeu.

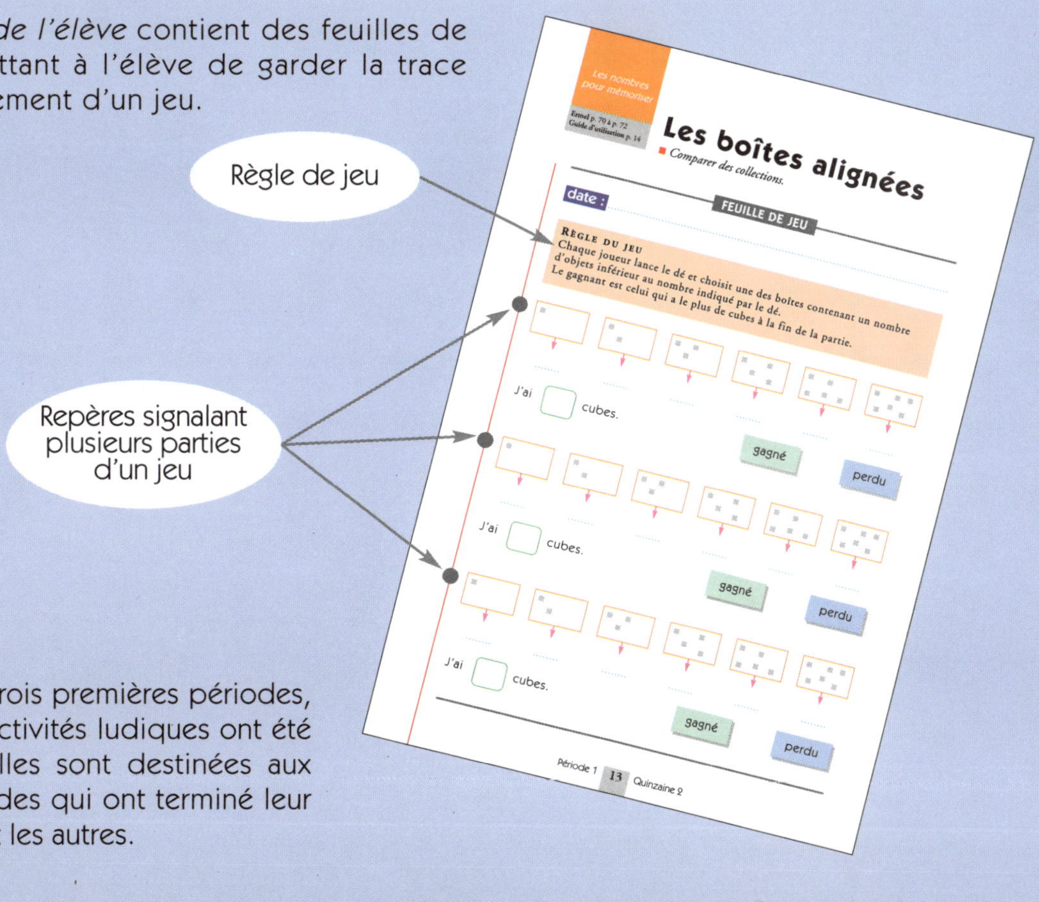

Durant les trois premières périodes, quelques activités ludiques ont été insérées. Elles sont destinées aux élèves rapides qui ont terminé leur travail avant les autres.

Période 1

Quinzaine 1

Quinzaine 2

Quinzaine 3

Les nombres pour mémoriser

Ermel p. 60 à p. 64
Guide d'utilisation p. 10

Le robot

■ *Utiliser le dénombrement.*

date : ....

1 Combien faut-il de cubes pour que les cases blanches de ton robot soient toutes cachées ?
Respecte les couleurs !

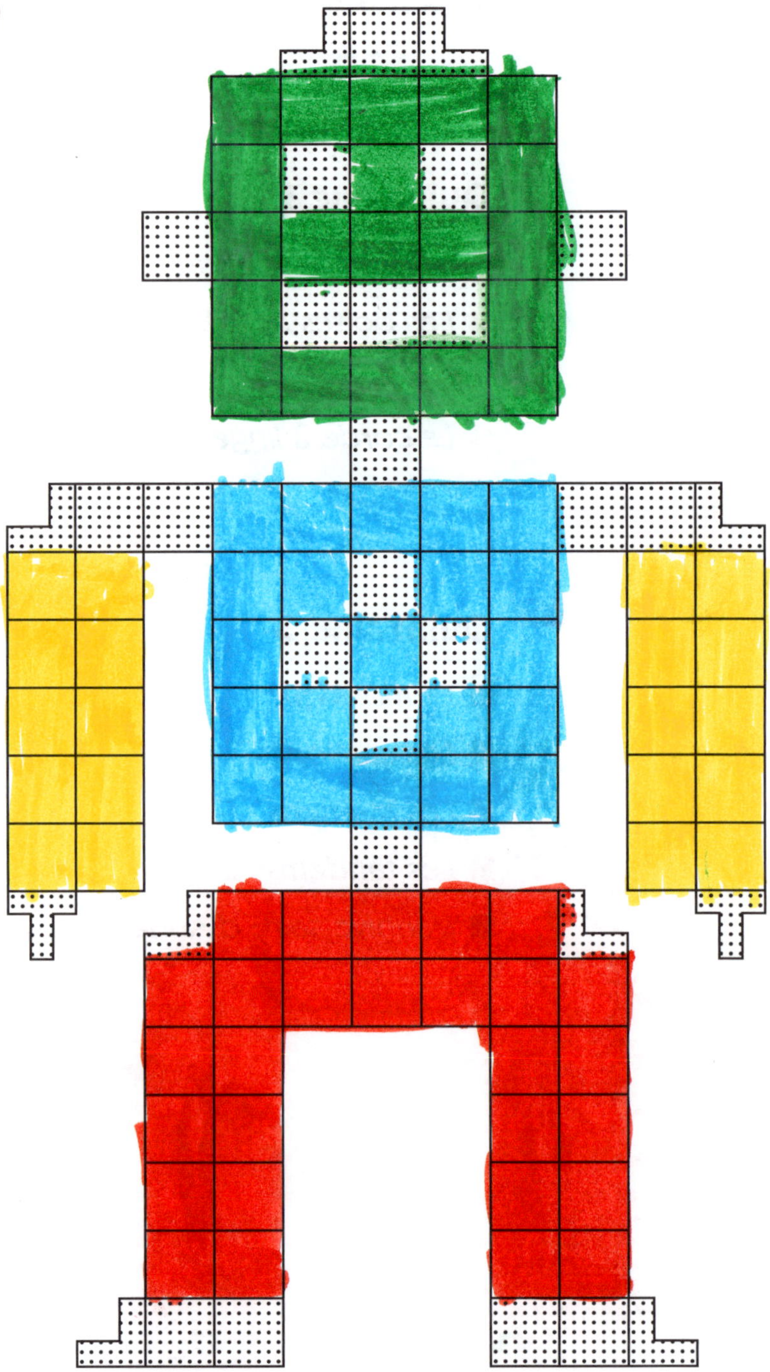

Cubes verts : 20

Cubes bleus : 21

Cubes jaunes : 20

Cubes rouges : 28

date : ....

2 J'ai compté les cases blanches de mon robot.
Colorie les cubes dont j'ai besoin pour les couvrir.
Respecte les couleurs !

La tête : 19 →

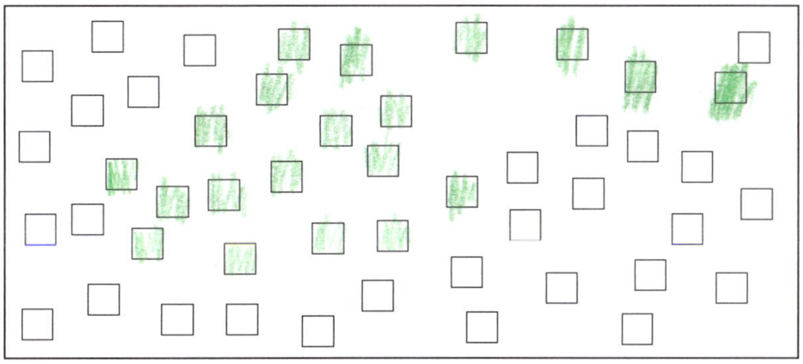

Le corps : 16 →

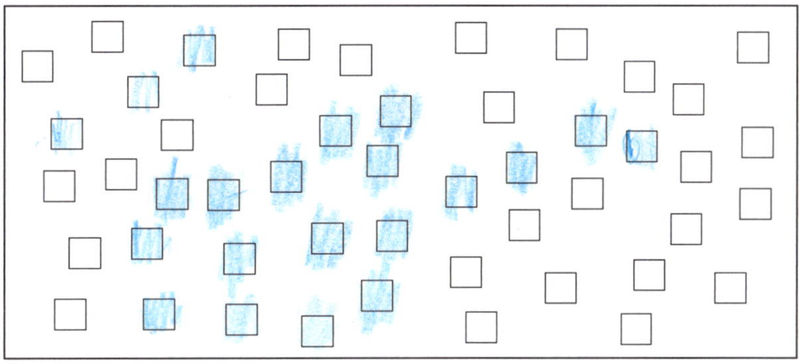

Les bras : 14 →

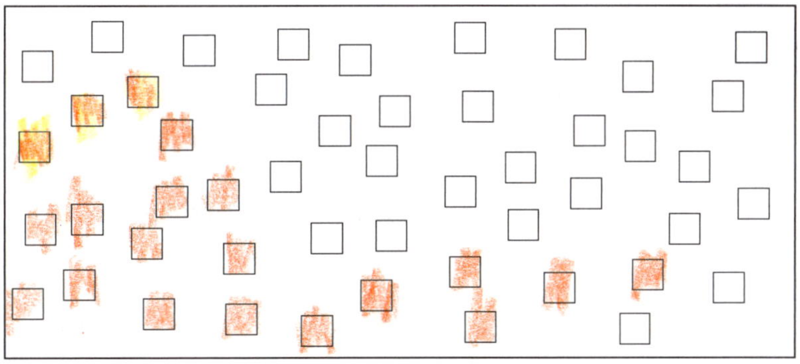

Les jambes : 25 →

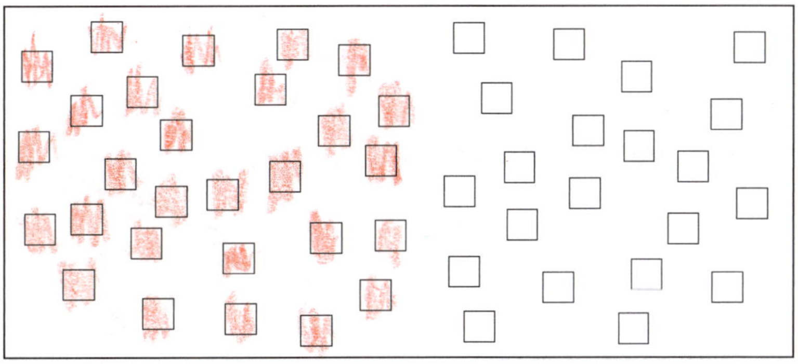

Connaître les nombres

Ermel p. 285 et p. 286
Guide d'utilisation p. 11

La réussite

■ *Reconnaître et organiser les écritures chiffrées de certains nombres.*

date : ....

1 Nicolas a-t-il bien fait sa réussite ? Entoure la bonne réponse.

1	10	3	4	5
6	7	8	9	2

Oui

Non

Dessine les cartes qui ne sont pas à leur place :

2 Catherine a presque fini sa réussite.
Dessine à la bonne place la carte qu'elle tient dans la main.

1	2	3	4	
	7	8	9	10

Dessine ici la carte qui est retournée :

3 

Dessine, dans le nuage, la carte qui va à la place marquée par le jeton.

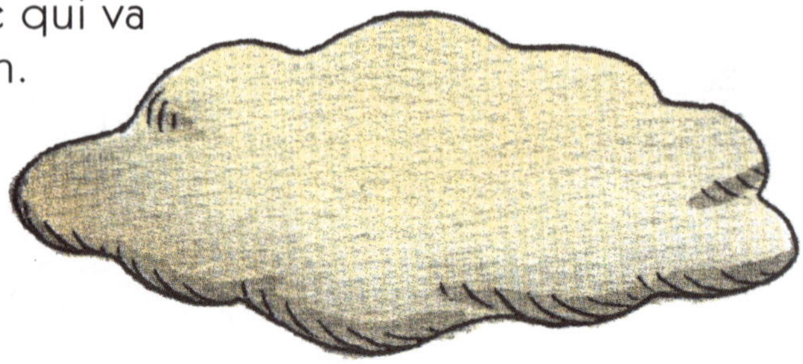

4

Écris, dans le nuage, les nombres des cartes retournées pour que la réussite soit réussie ! Respecte les couleurs !

Colorie le collier comme il est commencé.

Ermel p. 70 à p. 73
Guide d'utilisation p. 14

Les boîtes empilées

■ *Comparer des collections.*

date : ....

Règle du jeu
Chaque joueur lance un dé. Il peut prendre la boîte s'il y a plus de points sur le dé que d'objets dans la boîte.

1 Entoure la boîte si tu peux la prendre, ou barre-la si tu ne peux pas la prendre.

2 Entoure la boîte si tu peux la prendre, ou barre-la si tu ne peux pas la prendre.

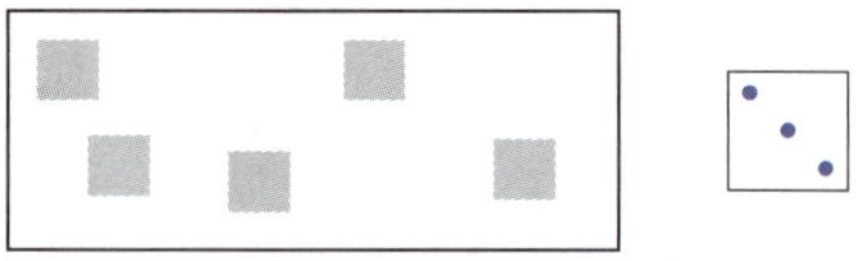

3 Entoure la boîte si tu peux la prendre, ou barre-la si tu ne peux pas la prendre.

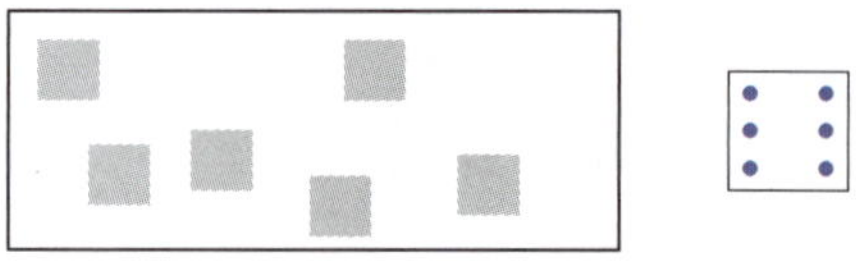

4 Dessine une boîte que tu peux prendre avec ce dé : 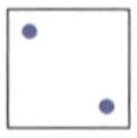

5 Dessine un dé qui te ferait gagner cette boîte :

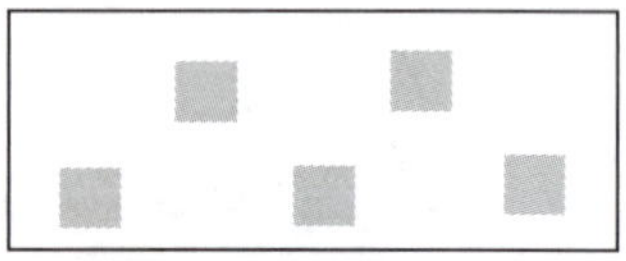

Les nombres pour mémoriser

Ermel p. 73 à p. 75
Guide d'utilisation p. 14

Les boîtes alignées

■ *Comparer des collections.*

FEUILLE DE JEU

date : ....

Règle du jeu
Chaque joueur lance le dé et choisit une des boîtes contenant un nombre d'objets inférieur au nombre indiqué par le dé.
Le gagnant est celui qui a le plus de cubes à la fin de la partie.

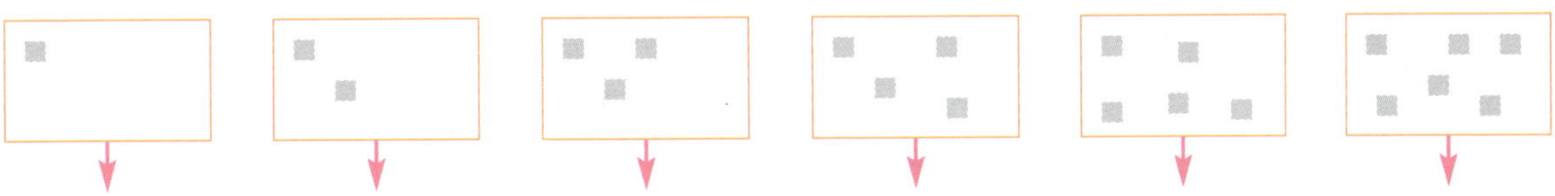

....

J'ai ☐ cubes. gagné perdu

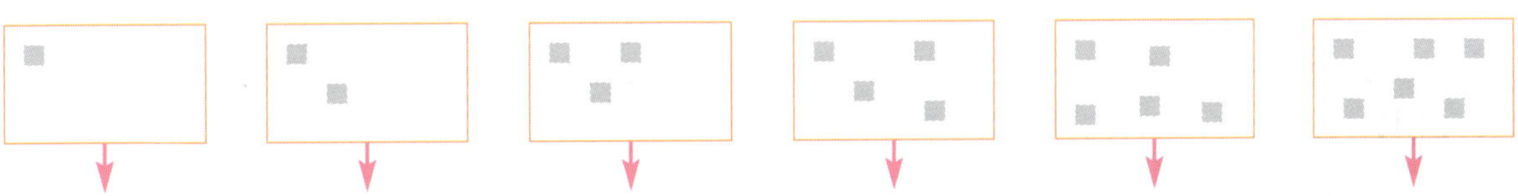

....

J'ai ☐ cubes. gagné perdu

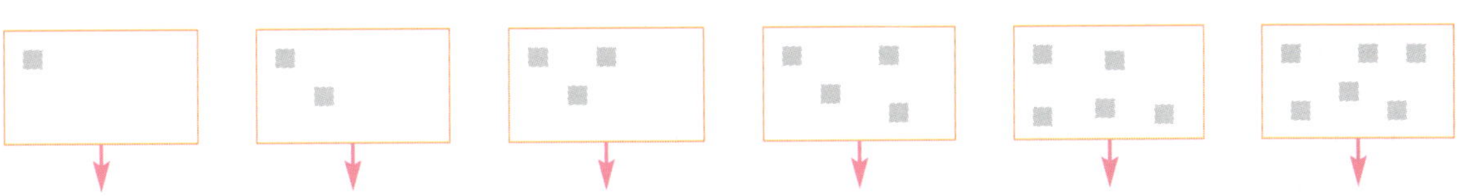

....

J'ai ☐ cubes. gagné perdu

date : ....

1 Dessine tous les dés qui peuvent te faire gagner cette boîte :

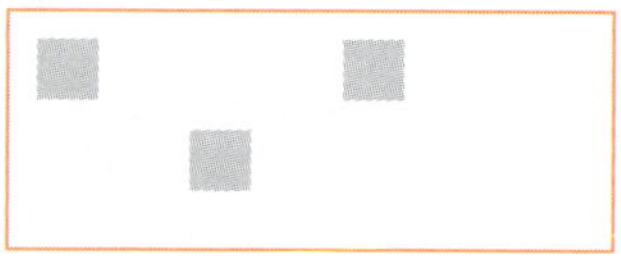

2 Dessine toutes les boîtes que tu peux prendre avec ce dé : 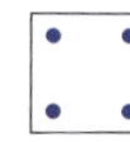

3 Voilà plusieurs dés :

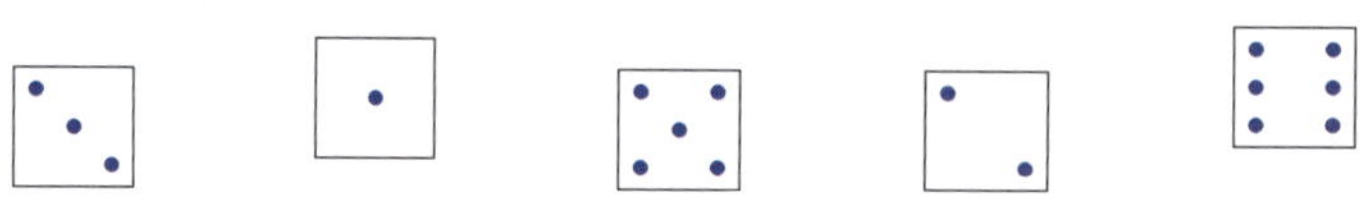

Entoure le ou les dés qui te feront gagner la boîte contenant trois cubes.

4 *Lucas* a gagné :

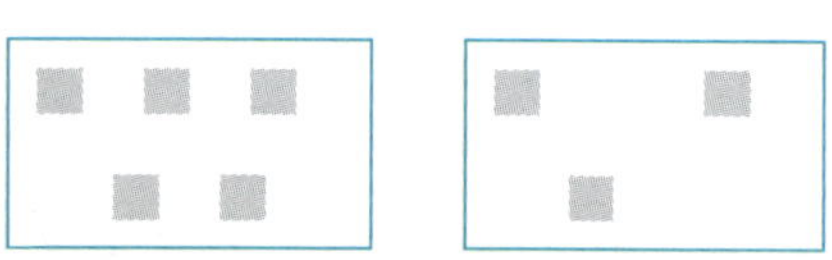

Combien a-t-il gagné de cubes ? ☐

Carole a gagné :

Combien a-t-elle gagné de cubes ? ☐

Écris le prénom du gagnant : ☐

Connaître
les nombres

Ermel p. 280 à p. 287
Guide d'utilisation p. 15

La bande numérique

■ *Reconnaître l'écriture chiffrée des nombres.*

date : ....

Complète les bandes numériques.

1	**2**		**4**	**5**		**7**		**9**			

		3			**6**		**8**		**10**		

4		**6**	**7**								

							10				

Relie les points de 1 à 30.

Ermel p. 284
Guide d'utilisation p. 15

La corde à linge

■ *Construire des suites croissantes de nombres.*

date : ....

1 Place les cartes, sur la corde à linge, au bon endroit.

8 3 6 10 2

2 Voilà des nombres :

4 1 9 5 7

Écris-les en ordre :

○ ○ ○ ○ ○

3 Écris les nombres que le maître te dicte.

Complète.

Ermel p. 65 à p. 67
Guide d'utilisation p. 17

La mosaïque

■ *Utiliser le dénombrement en tant que procédure experte.*

date : ....

Pour décorer la mosaïque, tu vas commander des gommettes.

Écris ta commande.

○	□	△	▭

Colle ici les gommettes en trop :

Ermel p. 67 et p. 68
Guide d'utilisation p. 17

Les camions

■ *Utiliser le dénombrement en tant que procédure experte.*

date : ....

Commande les gommettes pour remplir tes camions.

Je commande ☐ gommettes.

Colle ici les gommettes que tu as en trop :

Les Martiens

■ *Constituer des collections.*

date : ....

Au moment où les Martiens s'apprêtent à repartir, ils proposent aux enfants terriens de les emmener visiter leur planète.
Mais la soucoupe volante n'est pas très grande : chaque Martien pourra emmener deux Terriens.
Combien de Terriens pourront partir avec les Martiens ?

Nombre de Martiens : ....

Réponse : les Martiens emmèneront .... Terriens.

Ermel p. 68
Guide d'utilisation p. 18

Les tandems

■ *Constituer des collections.*

date : ....

Les enfants d'une classe décident d'aller se promener dans la forêt avec des tandems.
Combien faut-il de tandems pour que tous les enfants puissent participer à la promenade ?

Nombre d'enfants : ....

Réponse : les enfants ont besoin de .... tandems.

Ermel p. 87 à p. 89
Guide d'utilisation p. 18

L'anniversaire d'Anne

■ *Analyser une image.*

date : ....

Réponds aux questions :

Quel est l'âge d'Anne ? ....

Combien d'enfants sont invités à l'anniversaire d'Anne ? ....

Combien manque-t-il de chaises ? ....

Période 2

Quinzaine 1

Quinzaine 2

Quinzaine 3

Les nombres pour mémoriser

Ermel p. 68 et p. 69
Guide d'utilisation p. 21

Les footballeurs

■ *Constituer une collection équipotente à une collection donnée, et une collection double ou moitié.*

date : ....

Pour que les footballeurs puissent s'entraîner, ils doivent mettre chacun un maillot et deux chaussettes. Tu leur donneras également un ballon pour deux joueurs.

Bon de commande		
.... maillots	.... chaussettes	.... ballons

Colle ici ce que tu as en trop :

Les dés

■ *Renoncer progressivement aux procédures liées au comptage pour adopter des procédures qui relèvent du calcul.*

FEUILLE DE JEU 1

date : ....

Règle du jeu
Chaque joueur lance ses deux dés. Le gagnant est celui qui marque le plus de points.

Prénom du joueur 1 :	Prénom du joueur 2 : ....

FEUILLE DE JEU 2

date : ....

Règle du jeu
Chaque joueur lance deux fois le même dé. Le gagnant est celui qui marque le plus de points.

Prénom du joueur 1 :	Prénom du joueur 2 : ....

Les nombres pour anticiper et pour calculer

Ermel p. 141 et p. 142
Guide d'utilisation p. 22

Les pistes coloriées

Associer un nombre (les points du dé) à une quantité (les cases sur les bandes).

date : ....

1 Regarde la piste : je suis sur la case 23 et je lance le dé.

Voilà mon dé : 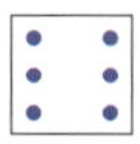

Écris le nombre de la case d'arrivée et colorie les cases sur lesquelles tu avances d'une autre couleur.

		23												

2 Voilà tes dés :  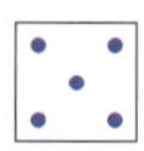 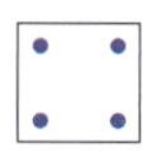

Colorie et écris le nombre de la case où tu arrives.

10														

3 J'étais à la case 13. Voilà mon chemin :

13				17	18			21					26	

Dessine les dés qui m'ont fait avancer :

4 Je suis allée de la case 9 à la case 19.

	9										19			

J'ai oublié de dessiner les dés. Aide-moi et dessine-les :

---

5 Un garçon a avancé avec les dés : 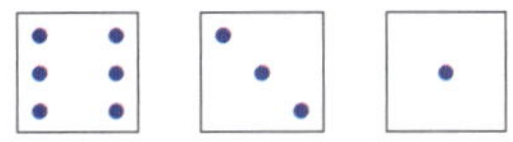

Départ												

Une fille a avancé avec les dés : 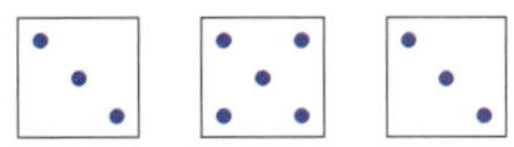

Départ												

Complète les pistes
et dessine celui qui a gagné,
celui qui est allé le plus loin.

date : ....

6 Une petite fille montre sa piste coloriée.

Départ					5		7			10		12	

Voilà ses dés :

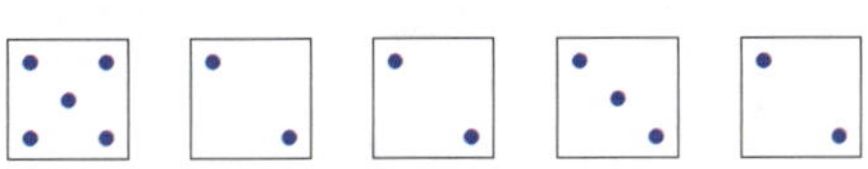

Dessine, dans le nuage,
le dé qu'elle a oublié.

7 Un enfant a joué : 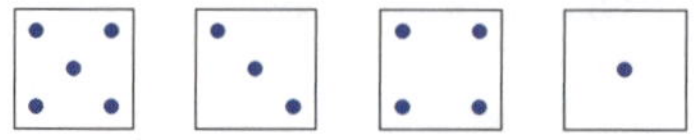

25					30		32				35			

Regarde sa piste. Il y a des erreurs : peux-tu en trouver au moins une ? Corrige-la !

8 Une enfant était sur la case : | 8 |

Elle est arrivée sur la case : | 19 |

Elle avait lancé trois fois le dé.
Dessine sa piste en imaginant ce qu'elle a pu avoir sur ses dés.

8	

Complète les dés : ☐ ☐ ☐

9 Écris les nombres que le maître te dicte.

Relie les points de 1 à 50.

Connaître les nombres

Ermel p. 278 à p. 284
Guide d'utilisation p. 23

L'escalier (la bande numérique et la corde à linge)

■ *Compter de 2 en 2.*

date : ....

1 Pierre monte les marches deux par deux. Il part du bas de l'escalier.
Écris les nombres sur les marches où il va poser le pied.

2 Complète la bande numérique, puis colorie les cases en comptant de 2 en 2.

5	**6**	**7**												

Écris sur les éléphants et dans l'ordre les nombres que tu as coloriés.

3 Place les étiquettes sur la corde à linge :

7 13 3 1 17 5 11 15

Tu as compté de .... en ....

4 Complète la bande numérique en écrivant les nombres dans les cases coloriées.

		8												

Le jardin public

Ermel p. 89 et p. 90
Guide d'utilisation p. 25

■ *Sélectionner des informations correspondant à une question et répondre à partir d'une image.*

date : ....

Combien y a-t-il d'enfants sur l'image ? ....

Combien vois-tu de bateaux, en tout, sur l'image ? ....

Combien de bateaux ont été loués ? ....

Combien y a-t-il de bateaux sur l'eau du bassin ? ....

Combien de bateaux loués ne sont pas sur l'eau ? ....

Ermel p. 147 à p. 144
Guide d'utilisation p. 25

Le nombre-cible

■ *Anticiper pour trouver le nombre qui permet d'atteindre la cible.*

FEUILLE DE JEU

date : ....

Règle du jeu
Un nombre est proposé au joueur : c'est le nombre-cible. Il faut choisir trois cartes, exactement, pour atteindre ce nombre. Le gagnant est celui qui a le nombre de points correspondant au nombre-cible.

Tes cartes : | la cible :

Tes cartes : | la cible :

Tes cartes : | la cible :

Tes cartes : | la cible :

Tes cartes : | la cible :

date : ....

1

11

1	4	

Choisis la bonne carte.
Entoure-la.

5	6	4	2

2

10

5	2	

Choisis la bonne carte.
Entoure-la.

1	2	3	4

3

12

8		

Choisis deux bonnes cartes.
Entoure-les.

1	2	3	2

4

12

4		

Choisis les deux bonnes cartes.
Entoure-les.

6	3	2	1

date : ....

5 Complète **la carte-joker** pour atteindre la cible.

9

2	3	

6 Complète **la carte-joker** pour atteindre la cible.

13

4	4	

Relie les points de 2 à 100 en comptant de 2 en 2.

Les nombres pour anticiper et pour calculer

Ermel p. 213 et p. 214
Guide d'utilisation p. 25

Comptage Décomptage

■ *Savoir écrire les suivants et les précédents d'un nombre.*

date : ....

1 Écris les 4 nombres suivants :

7	....	....	....	....
3	....	....	....	....
12	....	....	....	....

2 Écris les 4 nombres précédents :

....	....	....	....	10
....	....	....	....	17

3 Écris les 2 nombres suivants et les 2 nombres précédents :

....	....	12	....	....
....	....	18	....	....
....	....	9	....	....

4 Écris tous les nombres de 8 à 23 :

8 ....

....

....

Connaître
les nombres

Ermel p. 291
Guide d'utilisation p. 26

Les bandes à compléter

■ *Travailler sur la suite écrite des nombres.*

date : ....

Complète les bandes numériques :

	35	50	71	23	
	36	51	72		84
13		52			
14	38	53		26	
	39		75		87
16		55		28	88
17		56	77	29	89
18				30	90
19	43		79		
		59	80		
21	45	60			93
22				34	94
23		62			
			84		
					97
		65			98

Les nombres pour anticiper et pour calculer

Ermel p. 142 à p. 147
Guide d'utilisation p. 28

L'habit du clown

■ *Utiliser les nombres pour anticiper.*

date : ....

Nous allons décorer l'habit du clown. Sur l'habit, il faut coller des gommettes. Ces gommettes sont fournies par bandes de 5.

Combien de bandes faut-il si tu veux coller ☐ gommettes ?

Bon de commande	
Nombre de gommettes	Nombre de bandes ....
Cherche ici :	

Auras-tu des gommettes en trop ? ....

Si oui, combien ? ....

Colle ici les gommettes en trop :

Les nombres pour anticiper et pour calculer

Ermel p. 155 à p. 158
Guide d'utilisation p. 28

Les marelles

■ *Utiliser les écritures additives.*

FEUILLE DE JEU

date : ....

Règle du jeu
Chaque joueur lance le palet à son tour et gagne pour son équipe le nombre de points inscrit dans la case.
Tous les joueurs écrivent tous les points gagnés.

Équipe 1	Équipe 2	Équipe 3	Équipe 4	Équipe 5	Équipe 6

À ton avis, quelle est l'équipe gagnante ? ....

date : ....

1 Quelle équipe a gagné ?

Équipes	Cherche les scores de chaque équipe	
1		
2		
3		
4		
5		
6		

L'équipe gagnante est ....

date : ....

2 Voici un jeu de marelle :

Sur quelle case l'équipe de Magali doit-elle lancer sont dernier palet pour gagner ? Gagne l'équipe qui a le plus grand score.

Équipe de Pierre
4
6
5
2
9

Équipe de Magali
5
0
8
6
....

3 Sur quelle case les deux équipes peuvent-elles lancer leur palet pour dépasser 20 ?

Équipe d'Olivier
5
1
2
8
....

Équipe de Julie
6
4
5
2
....

4 Sur quelles cases les deux équipes peuvent-elles lancer leur palet pour avoir 30 ?

Équipe de Marie
9
1
5
6
....

Équipe d'Éric
8
8
2
8
....

Qui a gagné ?

■ *Utiliser le répertoire additif.*

date : ....

Calcule les points des joueurs.

Marie :

8 + 5 + 4 + 1 = ...

Lucie :

9 + 4 + 6 + 1 = ...

Aline :

6 + 5 + 4 + 2 = ...

Qui a gagné ? ....

Connaître les nombres

Ermel p. 289 et p. 290
Guide d'utilisation p. 29

De la bande numérique au château

■ *Observer les régularités de la suite écrite des nombres.*

date : ....

Découpe les morceaux de la bande qui sont de la même couleur.
Colle-les les uns au-dessous des autres.

Connaître
les nombres

Ermel p. 293 à p. 295
Guide d'utilisation p. 30

Le château

■ *Observer l'organisation de la suite écrite des nombres dans un tableau de 10 en 10.*

date : ....

1 Colorie en bleu toutes les cases dans lesquelles il y a un 3.

2 Colorie tous les 5 en rouge.

3 Colorie en jaune tous les 8.

4 Colorie en vert tous les 1.

0	1	2	3	4	5	6	7	8	9
10	11	12	13	14	15	16	17	18	19
20	21	22	23	24	25	26	27	28	29
30	31	32	33	34	35	36	37	38	39
40	41	42	43	44	45	46	47	48	49
50	51	52	53	54	55	56	57	58	59
60	61	62	63	64	65	66	67	68	69
70	71	72	73	74	75	76	77	78	79
80	81	82	83	84	85	86	87	88	89
90	91	92	93	94	95	96	97	98	99

5 Écris tous les nombres qui commencent par un 2.

....

6 Écris tous les nombres qui se terminent par un 9.

....

7 Écris, dans l'ordre, tous les nombres dans lesquels il y a un 0.

....

Période 3

Quinzaine 1

Quinzaine 2

Quinzaine 3

Ermel p. 159 et p. 160
Guide d'utilisation p. 32

Le mini-yam

Calculer des sommes avec différents outils.

FEUILLE DE JEU 1

date : ....

Règle du jeu
Chaque joueur à son tour lance les 5 dés à la fois.
Il garde les dés qui ont le même nombre de points et relance les autres dés car il doit essayer d'avoir le plus de dés possible de la même sorte.
Il a droit à 3 lancers. Une partie se joue en 6 tours pour chaque joueur (autant que de faces différentes sur le dé).

⚀						
⚁						
⚂						
⚃						
⚄						
⚅						

⚀						
⚁						
⚂						
⚃						
⚄						
⚅						

FEUILLE DE JEU 2

date : ....

Règle du jeu
La règle est la même que pour la feuille de jeu 1.

⚀						
⚁						
⚂						
⚃						
⚄						
⚅						

⚀						
⚁						
⚂						
⚃						
⚄						
⚅						

Les sacs de billes

■ *Décomposer un nombre en une somme de trois nombres.*

date : ....

1 Voici des sacs de billes :

Vincent veut 13 billes. Il doit prendre 3 sacs pour avoir juste 13 billes.
Entoure les sacs qu'il peut prendre.

2 Voici des sacs de billes :

Nicolas veut 19 billes. il doit prendre seulement trois sacs.
Entoure les sacs qu'il peut prendre pour avoir juste 19 billes.

3 Voici des sacs de billes :

Adrien veut 15 billes. Il doit prendre seulement trois sacs. Il en a déjà choisi un. Entoure les deux autres sacs qu'il doit encore choisir pour avoir juste 15 billes.

Les nombres pour anticiper et pour calculer

Ermel p. 184 et p. 185
Guide d'utilisation p. 32

Patchwork (1) : la fleur

■ *Mémoriser les doubles.*

date : ....

Règle de coloriage. Colorie de la couleur indiquée les nombres qui se terminent par :

0 en (bleu)

2 en (jaune)

4 en (orange)

6 en (vert)

8 en (rose)

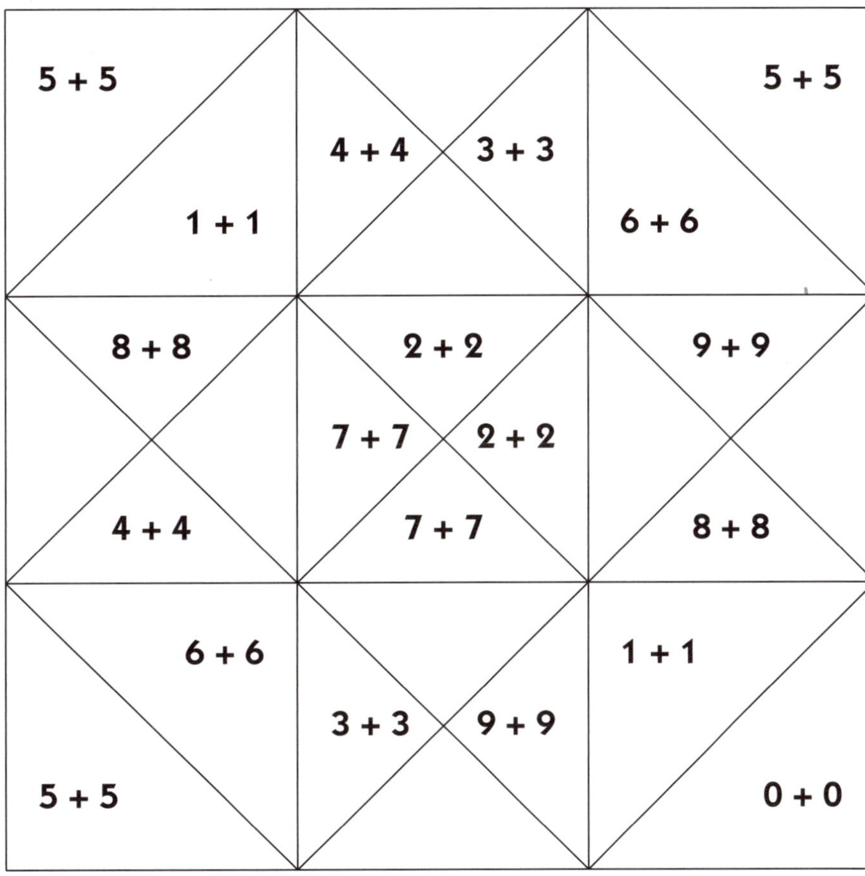

Calcule :

3 + 3 = ...	5 + 5 = ...	9 + 9 = ...	6 + 6 = ...
7 + 7 = ...	2 + 2 = ...	3 + 3 = ...	8 + 8 = ...
6 + 6 = ...	8 + 8 = ...	0 + 0 = ...	2 + 2 = ...
1 + 1 = ...	4 + 4 = ...	7 + 7 = ...	5 + 5 = ...

Connaître les nombres

Ermel p. 293 à p. 295
Guide d'utilisation p. 33

Une nuit au château

■ *Observer les régularités de la suite écrite des nombres.*

date : ....

Nous avons décidé d'aller dormir une nuit au château et nous avons choisi chacun notre chambre.
Voilà les numéros des clés. Retrouve les portes des chambres et écris les nombres à la bonne place.

Connaître les nombres

Ermel p. 295
Guide d'utilisation p. 34

Les tableaux à compléter

■ *Savoir placer un nombre dans la suite des nombres écrite en tableau.*

date : ....

1 Complète les deux tableaux.

0	1	2	3	4	5	6	7	8	9
10	11	12		14	15		17	18	19
20	21	22	23	24	25	26	27		29
30	31	32	33		35	36	37	38	
40		42	43	44		46	47	48	49
50	51	52	53	54	55	56	57	58	59
60	61	62	63	64	65	66	67	68	
70	71		73	74	75	76	77	78	79
80	81	82	83		85	86	87	88	89
90	91	92	93	94	95	96	97	98	

0	1	2		4	5	6		8	9
10	11		13	14		16	17		19
	21	22		24		26	27	28	29
30	31	32	33		35	36	37		
40	41		43	44		46	47	48	49
50	51		53	54	55		57	58	
	61		63	64	65	66		68	69
70	71	72	73			76	77	78	79
80		82	83		85	86	87		89
90			93	94	95	96			99

date : ....

2 Écris, seulement, les nombres qui se placent dans les cases roses.

0	1	2	3	4	5	6	7	8	9
10									
20									
30									
40									
50									
60									
70									
80									
90									

3 Écris, seulement, les nombres qui se placent dans les cases roses.

0	1	2	3	4	5	6	7	8	9

Ermel p. 296
Guide d'utilisation p. 34

Casse-tête au château

■ *Situer les nombres les uns par rapport aux autres.*

date : ....

1 Le propriétaire du château a commandé un panneau pour accrocher les clés de toutes les chambres. Malheureusement, ce panneau est arrivé en pièces détachées. Aide-le à assembler les morceaux.

date : ....

2 Complète les case vides de ces morceaux de puzzle.

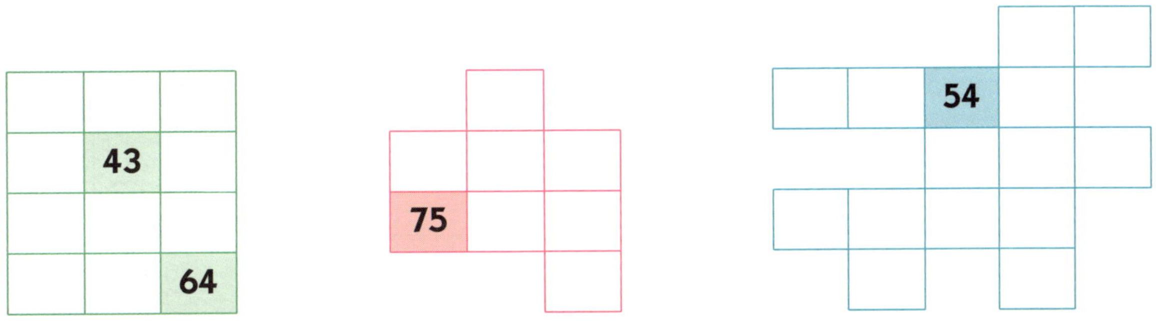

Ermel p. 91 et p. 92
Guide d'utilisation p. 36

Les tours

■ *Rechercher l'exhaustivité des solutions à un problème donné.*

date : ....

Trouve toutes les tours possibles.

Les nombres pour anticiper et pour calculer

Ermel p. 186 et p. 187
Guide d'utilisation p. 36

Patchwork (2) : les rectangles

S'entraîner à calculer des sommes.

date : ....

Règle de coloriage. Choisis trois couleurs très différentes et colorie :

les nombres plus petits que 15 en ☐

les nombres plus grands que 15 en ☐

les nombres qui font 15 en ☐

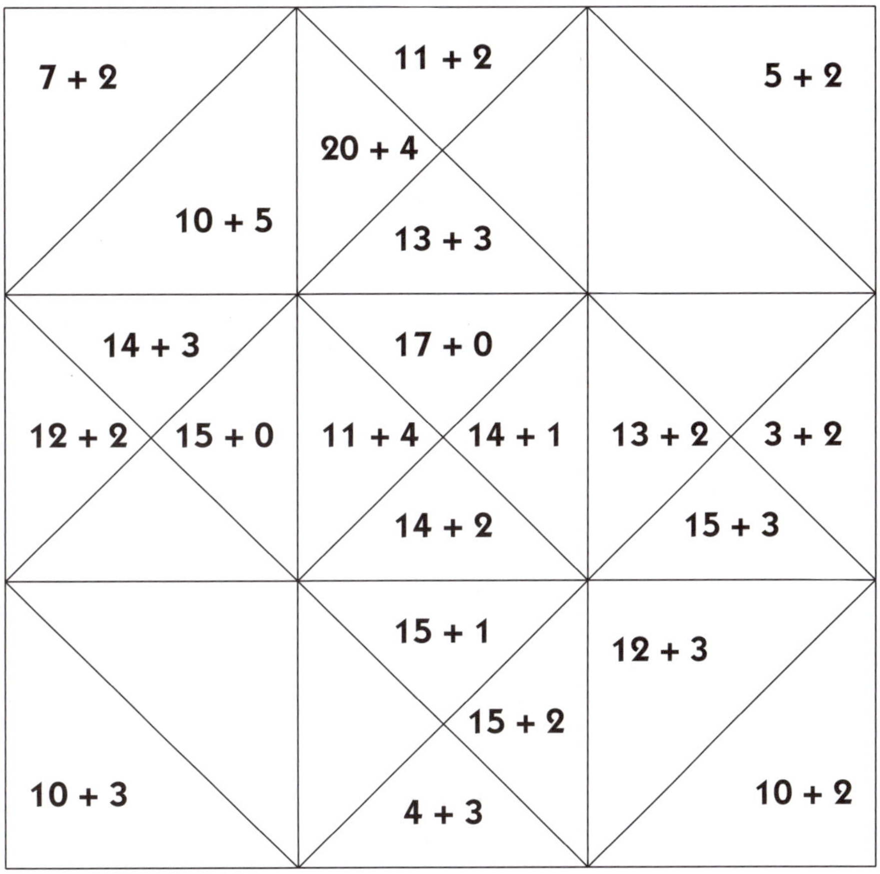

Calcule :

7 + 2 = ...	20 + 4 = ...	12 + 2 = ...	13 + 2 = ...	0 + 18 = ...
11 + 2 = ...	13 + 3 = ...	15 + 0 = ...	3 + 2 = ...	4 + 3 = ...
5 + 2 = ...	14 + 3 = ...	11 + 4 = ...	14 + 2 = ...	10 + 2 = ...
10 + 5 = ...	17 + 0 = ...	14 + 1 = ...	15 + 3 = ...	7 + 3 = ...
15 + 1 = ...	12 + 3 = ...	15 + 2 = ...	10 + 3 = ...	4 + 6 = ...

Les nombres pour anticiper et pour calculer

Ermel p. 188 et p. 189
Guide d'utilisation p. 36

Le labynombre (1)

■ *Travailler sur les décompositions de 10.*

date : ....

Trouve le chemin en coloriant les cases qui font 10, du départ à l'arrivée.

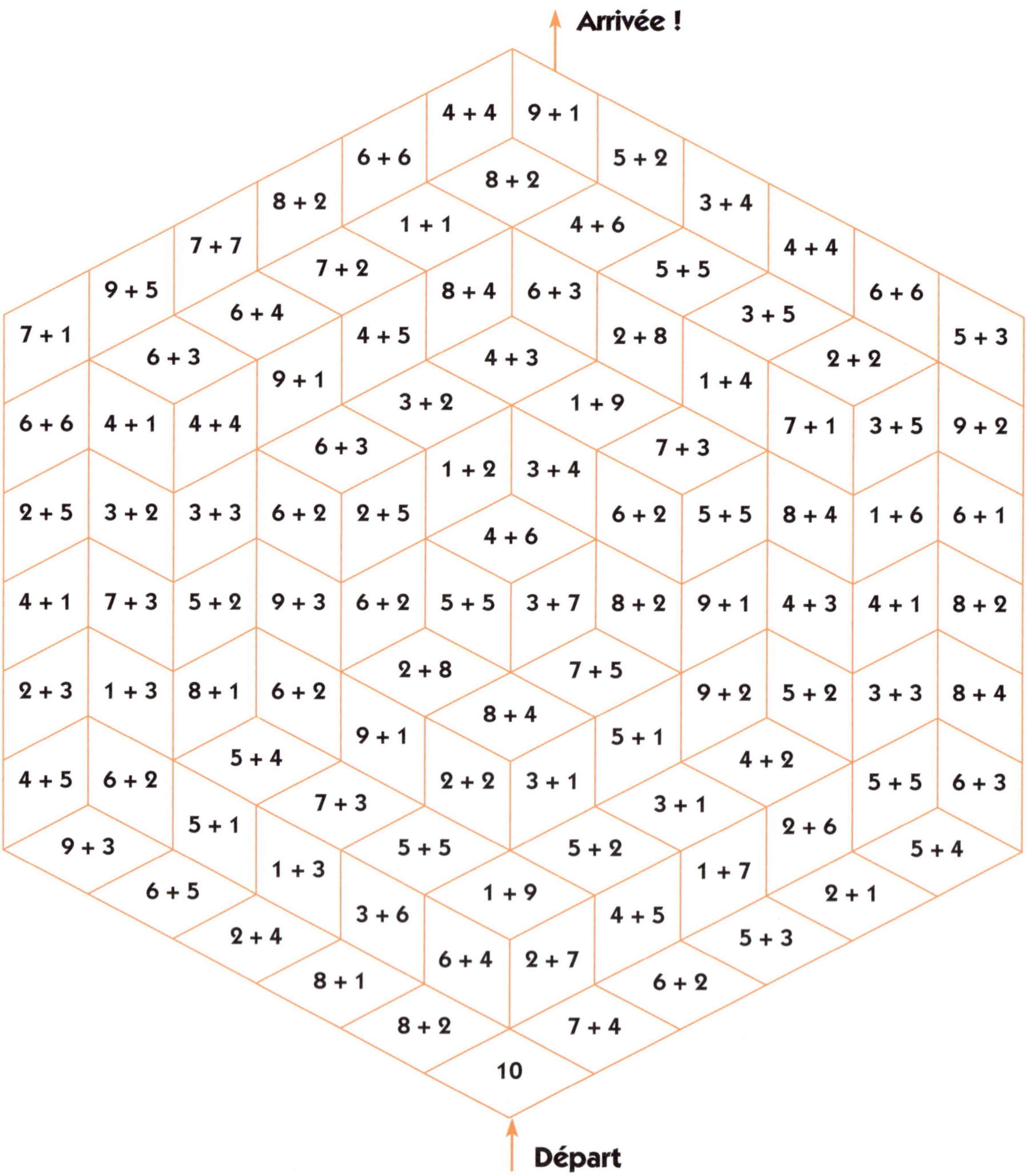

Connaître les nombres

Ermel p. 298 à p. 300
Guide d'utilisation p. 37

Les jeux de portrait (1)

■ *Reconnaître un nombre à partir de ses propriétés.*

FEUILLE DE JEU

date : ....

Règle du jeu
Un trésor a été caché dans le château.
Il s'agit de découvrir dans quelle pièce il se trouve en posant des questions auxquelles le meneur de jeu répond par oui ou par non.

0	1	2	3	4	5	6	7	8	9
10	11	12	13	14	15	16	17	18	19
20	21	22	23	24	25	26	27	28	29
30	31	32	33	34	35	36	37	38	39
40	41	42	43	44	45	46	47	48	49
50	51	52	53	54	55	56	57	58	59
60	61	62	63	64	65	66	67	68	69
70	71	72	73	74	75	76	77	78	79
80	81	82	83	84	85	86	87	88	89
90	91	92	93	94	95	96	97	98	99

0	1	2	3	4	5	6	7	8	9
10	11	12	13	14	15	16	17	18	19
20	21	22	23	24	25	26	27	28	29
30	31	32	33	34	35	36	37	38	39
40	41	42	43	44	45	46	47	48	49
50	51	52	53	54	55	56	57	58	59
60	61	62	63	64	65	66	67	68	69
70	71	72	73	74	75	76	77	78	79
80	81	82	83	84	85	86	87	88	89
90	91	92	93	94	95	96	97	98	99

Ermel p. 319 et p. 321
Guide d'utilisation p. 37

Les maisons à construire

■ *Utiliser une règle d'échanges.*

FEUILLE DE JEU 1

date : ....

RÈGLE D'ÉCHANGES

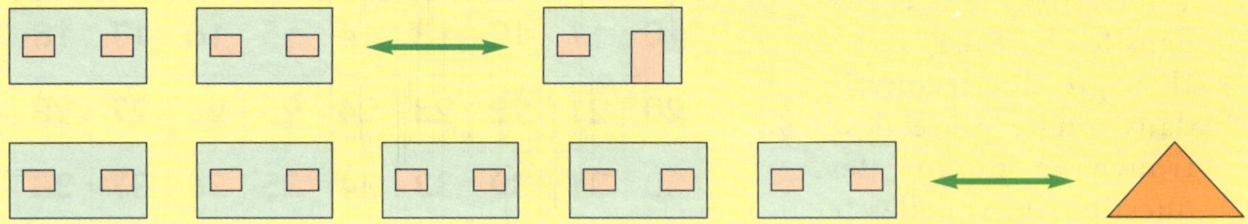

1. Tu as lancé les dés, tu as avancé sur la piste et tu as échangé des cartes.
Écris, avant d'échanger.

Combien as-tu de :

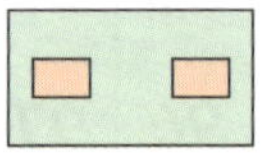

....

Combien as-tu de :

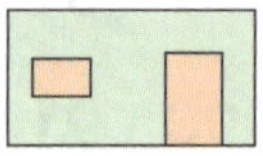

....

Combien as-tu de :

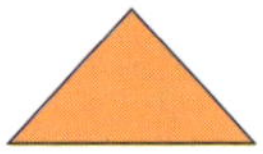

....

2. Maintenant, fais les échanges.

3. Tu as terminé les échanges.

Combien de maisons as-tu construites ? ....

Dessine les cartes qu'il te reste :

Règle d'échanges
La règle d'échanges est la même que pour la feuille de jeu 1.

1. Tu as lancé les dés, tu as avancé sur la piste et tu as échangé des cartes.

Écris, dans les nuages, avant d'échanger.

Combien as-tu de :

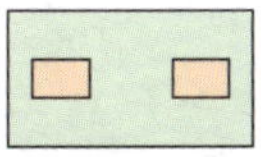

Combien as-tu de :

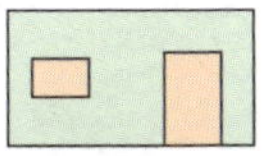

Combien as-tu de :

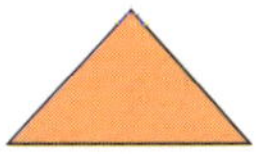

2. Maintenant, fais les échanges.

3. Tu as terminé les échanges.

Combien de maisons as-tu construites ? ....

Dessine les cartes qu'il te reste :

1 Tu as besoin d'un étage.
Entoure une carte que tu peux échanger pour avoir un étage.

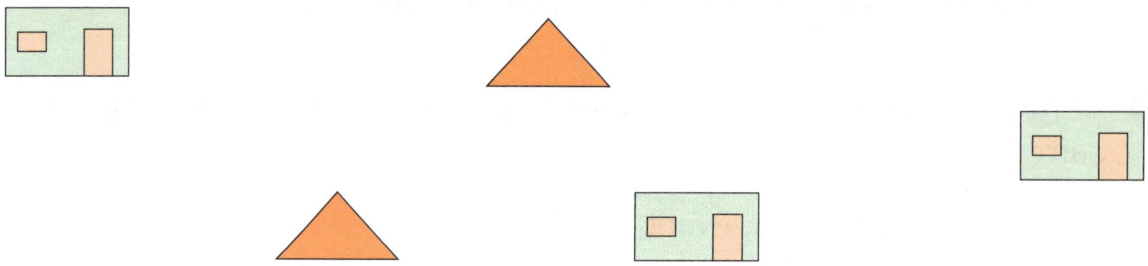

Entoure ce que le banquier te donne en échange de la carte que tu viens de choisir.

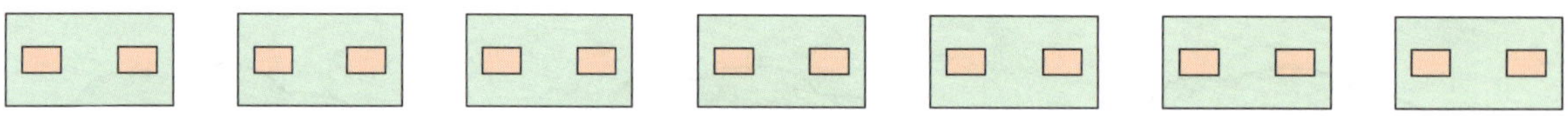

2 Tu voudrais avoir 2 rez-de-chaussée.
Entoure ce que tu vas donner au banquier pour l'échange.

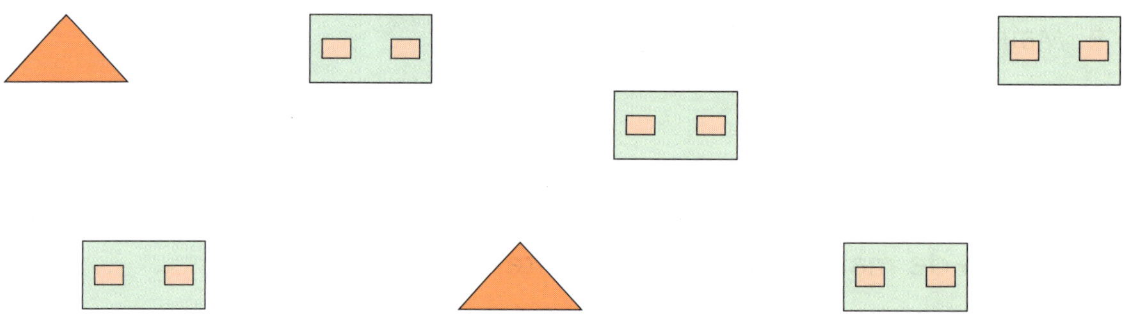

3 Tu échanges un toit.
Dessine, dans le nuage,
ce que le banquier doit te donner

4 Entoure ce que tu vas échanger pour construire une maison, et dessine, dans le nuage, ce que le banquier va te donner en échange.

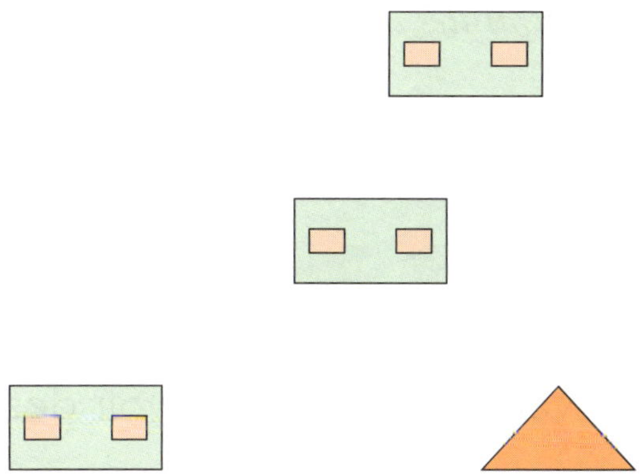

5 Voilà tes cartes.
Tu veux construire une maison.
Entoure en bleu ce que tu donnes au banquier et dessine dessous ce qu'il te donne en échange.
Entoure en rouge les cartes que tu prends pour construire ta maison.

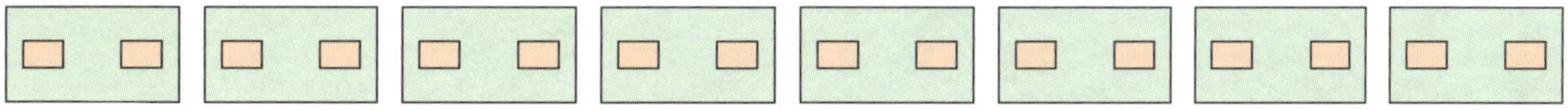

Les partages inéquitables

Ermel p. 104 à p. 110
Guide d'utilisation p. 39

Comprendre et utiliser les contraintes inhérentes aux situations de partage.

date : ....

1 Il va falloir mettre les objets dans les enveloppes. Il doit y avoir des objets dans toutes les enveloppes.
Dans une enveloppe, il doit y avoir 3, 4 ou 5 objets.
Pas moins de 3, pas plus de 5.
Tous les objets doivent être utilisés.

Tu dois répartir .... objets dans .... enveloppes.

date : ....

2 Il va falloir mettre les objets dans les enveloppes. Il doit y avoir des objets dans toutes les enveloppes.
Dans une enveloppe, il doit y avoir 3, 4 ou 5 objets.
Pas moins de 3, pas plus de 5.
Tous les objets doivent être utilisés.

Tu dois répartir .... objets dans .... enveloppes.

date : ....

3 Vérifie si les partages proposés par les enfants sont justes ou faux.

14 jetons dans 4 enveloppes :

Carole 8 + 3 + 5 + 5	Mourad 5 + 3 + 3 + 3

19 jetons dans 5 enveloppes :

Alain 4 + 4 + 4 + 4 + 3	Nathalie 3 + 3 + 3 + 3 + 3 + 4

22 jetons dans 6 enveloppes :

Paul 5 + 5 + 5 + 3 + 3	Emilie 5 + 5 + 3 + 3 + 3

28 jetons dans 7 enveloppes :

Maxime 5 + 5 + 5 + 4 + 3 + 3 + 3 = 28	Nadia 4 + 4 + 4 + 4 + 3 + 3 + 3 = 28
Noémie 5 + 5 + 4 + 4 + 3 + 3 + 4 = 28	Arthur 5 + 5 + 5 + 2 + 3 + 2 + 6 = 28

32 jetons dans 8 enveloppes :

Laurent 3 + 3 + 3 + 3 + 5 + 5 + 5 + 5 = 32	Gaston 5 + 5 + 5 + 4 + 4 + 4 + 5 = 32
Rémi 5 + 5 + 3 + 3 + 4 + 4 + 4 + 4	Silvain 3 + 3 + 3 + 3 + 4 + 5 + 5 + 5

4 Tu dois distribuer toutes ces boules aux clowns. À chacun des clowns, tu peux donner 3 boules, ou 4 boules, ou 5 boules.
Attention ! il faut que tu donnes toutes les boules.
Écris, sur le carton, combien tu donnes de boules à chaque clown.

5 Il y avait 19 boules dans la boîte.
À chacun des clowns, il faut donner 3, 4, ou 5 boules. On a déjà donné des boules à 3 clowns.
Continue la distribution.

Les nombres pour anticiper et pour calculer

Ermel p. 161 à p. 164
Guide d'utilisation p. 39

La monnaie : les pièces et billets de 1 €, 2 € et 5 €

■ *Comprendre que la valeur d'un ensemble de pièces et de billets ne dépend pas du nombre de ces pièces et de ces billets.*

date : ....

1 Écris ce que contient ton enveloppe : ....

Dans ton groupe :

– Qui est le plus riche et a le plus d'argent ? .... a .... €.

– Qui a le moins d'argent ? .... a .... €.

– Qui a autant d'argent ? ....

date : ....

2 Cherche plusieurs manières de faire 13 € avec des pièces et billets de 1 €, 2 € et 5 €.

3 Cherche plusieurs manières de faire 15 € avec des pièces et billets de 1 €, 2 € et 5 €. Compte, pour chaque solution, le nombre de pièces ou billets que tu utilises.

.... pièces ou billets	.... pièces ou billets	.... pièces ou billets	.... pièces ou billets	.... pièces ou billets	.... pièces ou billets	.... pièces ou billets	.... pièces ou billets	.... pièces ou billets	.... pièces ou billets
15 €									

date : ....

4 Magali a sorti toutes les pièces et billets de sa tirelire :

Elle a .... pièces de 1 €.

Elle a .... pièces de 2 €.

Elle a .... billets de 5 €.

Elle possède .... €.

5

Bastien	Olivier	Samia

Bastien a .... €.	Olivier a .... €.	Samia a .... €.

C'est .... qui a le plus de pièces et de billets.

C'est .... qui a le plus d'argent.

6 Calcule :

2 + 2 = ...
9 + 1 = ...

12 + 1 = ...
1 + 1 + 1 = ...

5 + 5 = ...
11 + 5 = ...

5 + 1 = ...
4 + 2 = ...

6 + 1 = ...
2 + 2 + 2 + 1 = ...

10 + 2 = ...
5 + 5 + 5 + 5 = ...

8 + 2 = ...
5 + 5 + 5 = ...

3 + 3 = ...
2 + 2 + 2 = ...

11 + 2 = ...
2 + 2 + 2 + 2 = ...

5 + 2 = ...
4 + 4 = ...

1 + 7 = ...
7 + 2 = ...

2 + 2 + 2 + 2 + 2 = ...
10 + 2 + 2 + 1 = ...

4 + 5 = ...
2 + 7 = ...

10 + 1 + 1 = ...
5 + 3 + 1 = ...

3 + 1 = ...
2 + 2 + 2 + 2 + 2 + 2 + 2 + 2 = ...

0 + 0 = ...
2 + 5 + 2 + 5 = ...

5 + 10 = ...
10 + 5 + 10 + 5 = ...

3 + 1 + 0 + 4 = ...
5 + 5 + 5 + 5 + 2 + 1 = ...

Écris ici, ce que tu sais aussi compter :

Les nombres pour anticiper et pour calculer

Ermel p. 164 et p. 166
Guide d'utilisation p. 40

Le jeu de la marchande

■ *Réaliser des échanges corrects.*

FEUILLE DE JEU 1

date : ....

RÈGLE DU JEU
Chaque joueur choisit un objet chez la marchande. Il l'achète en donnant exactement la somme d'argent qu'il faut pour payer, ni plus, ni moins.
Il peut échanger des billets de 5 € auprès du banquier en lui expliquant bien l'échange qu'il désire faire.

Colle ici l'image de l'objet que tu as acheté :

Colle ici les pièces et les billets qu'il te reste :

FEUILLE DE JEU 2

date : ....

Règle du jeu
Chaque joueur achète 2 objets chez la marchande. Il doit les commander, payer avec la somme exacte et le moins de pièces ou de billets possible.

Je commande 2 objets : .... à .... €.

.... à .... €.

Je paie avec le moins de pièces ou de billets possible.

Colle tes pièces et tes billets ici :

Colle les images des objets que tu avais commandés et toutes les pièces et billets qu'il te reste :

date : ....

1 J'échange une pièce de 2 €. Dessine ce que le caissier me donne.

2 Je donne 5 € au caissier. Dessine ce qu'il me donne en échange.

3 Trouve une autre manière d'échanger 5 € contre des pièces ou billets.

4 J'achète une calculette à 4 €.
Dessine les pièces ou billets que je peux donner au marchand.

5 Tu achètes un livre à 8 €.
Dessine les pièces et billets que tu vas donner au marchand.

6 Tu achètes 2 trousses à 6 €. Comment vas-tu payer le marchand ?
Dessine les pièces et billets.

Les nombres pour anticiper et pour calculer

Ermel p. 186 et p. 187
Guide d'utilisation p. 41

Patchwork (3) : la croix

■ *Ajouter un petit nombre et un grand nombre.*

date : ....

Règle de coloriage. Choisis trois couleurs très différentes et colorie :

les nombres plus petits que 20 en ☐

les nombres entre 20 et 30 en ☐

les nombres plus grands que 30 en ☐

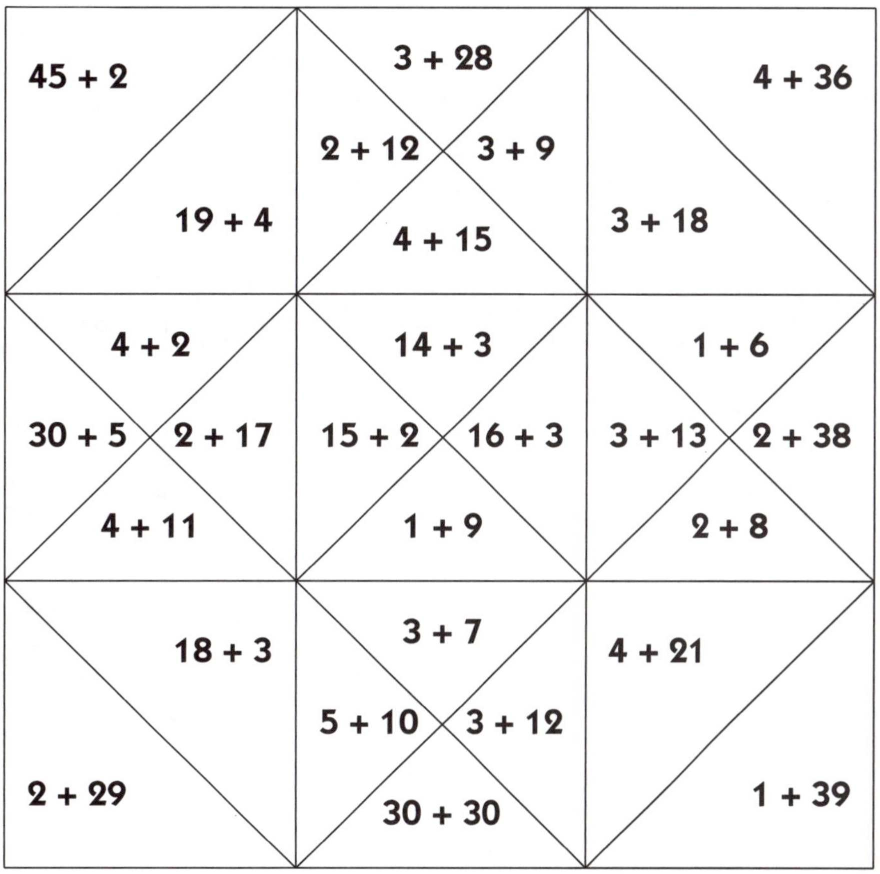

Calcule :

45 + 2 = ...	4 + 15 = ...	4 + 11 = ...	16 + 3 = ...	2 + 38 = ...
19 + 4 = ...	3 + 18 = ...	2 + 17 = ...	3 + 13 = ...	2 + 29 = ...
2 + 12 = ...	4 + 36 = ...	15 + 2 = ...	2 + 8 = ...	18 + 3 = ...
3 + 28 = ...	30 + 5 = ...	1 + 9 = ...	1 + 6 = ...	6 + 12 = ...
3 + 9 = ...	4 + 2 = ...	14 + 3 = ...	12 + 8 = ...	30 + 30 = ...
3 + 12 = ...	3 + 7 = ...	5 + 10 = ...	1 + 39 = ...	4 + 21 = ...

Les nombres pour anticiper et pour calculer

Ermel p. 188 et p. 189
Guide d'utilisation p. 41

Le labynombre (2)

■ *S'entraîner à compter de 5 en 5.*

date : ....

Colorie le chemin qui te permet de traverser le labynombre en comptant de 5 en 5.

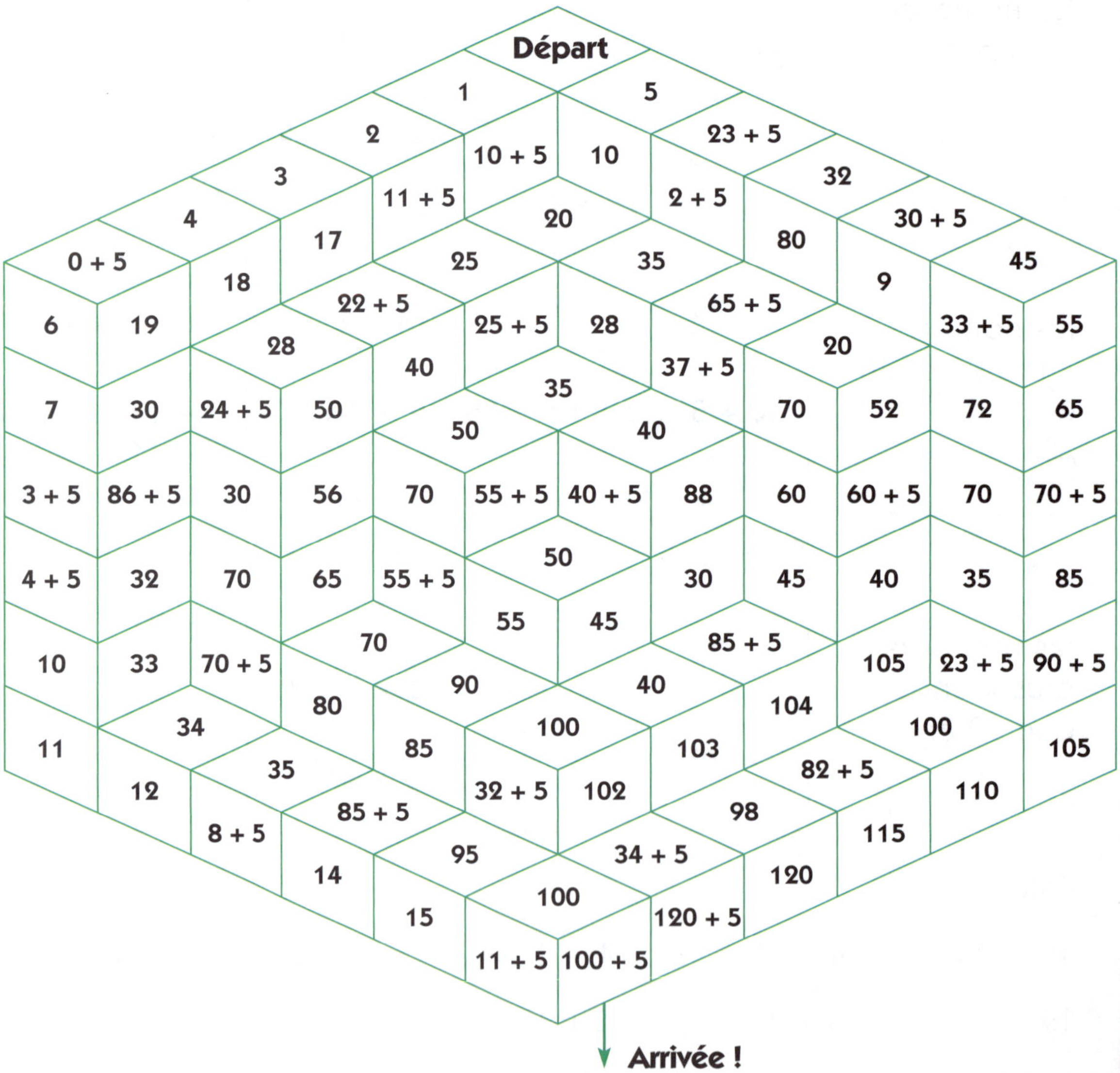

Écris en ordre ce que tu lis dans chaque case coloriée :

....

....

Connaître les nombres

Ermel p. 300 à p. 306
Guide d'utilisation p. 42

Les jeux de portrait (2)

■ *Savoir traiter des informations positives et négatives.*

date : ....

1 Je pense à un nombre qui est à l'étage des 5.
Barre les nombres qui ne conviennent pas.

25 **46** **38** **57**

2 Je pense à un nombre qui n'est pas à l'étage des 4.
Barre les nombres qui ne conviennent pas.

48 **74** **47** **46**

3 Je pense à un nombre à l'étage des 8, qui est plus grand que 84.
Barre les nombres qui ne conviennent pas.

86 **67** **83** **48**

4 Je pense à un nombre au 6ᵉ étage qui est plus petit que 67.
Barre les nombres qui ne conviennent pas.

58 **66** **39** **56** **69**

5 Je pense à un nombre qui, dans le château, est à côté de 36, et dans la colonne des 5.
Barre les nombres qui ne conviennent pas.

46 **37** **27** **36** **35**

6 Je pense à un nombre qui n'est pas au 6e étage et pas au 2e étage.
Barre les nombres qui ne conviennent pas.

21 **63** **86** **27** **68**

7 Écris l'étage des 7.
Entoure le nombre qui est avant 73 et celui qui est après 76.

8 Cherche la chambre du trésor. J'ai entouré les cases pièges.
Le nombre de la chambre du trésor est à côté de 96 et à côté de 94.
Colorie cette case.

90	(91)	92	93	(94)	95	(96)	97	98	99

9 Cherche la chambre du trésor.
Le nombre de la chambre du trésor n'est pas plus petit que 54,
et il n'est pas plus grand que 55. Colorie la case.

50	51	52	53	(54)	55	56	57	(58)	59

10 Je pense à un nombre
qui n'est pas à l'étage des 6,
et qui est tout de suite avant 60.
Écris-le dans le cœur de la fleur.

Connaître
les nombres

Ermel p. 297
Guide d'utilisation p. 42

Le géant du château

■ *Compter de 5 en 5.*

date : ....

1 Le géant du château avance à grands pas. Trouve les portes du château devant lesquelles il pose ses pieds, en comptant de 5 en 5. Colorie les cases de 5 en 5 en changeant de couleur à chaque case.

	1	2	3	4	5	6	7	8	9
10	11	12	13	14	15	16	17	18	19
20	21	22	23	24	25	26	27	28	29
30	31	32	33	34	35	36	37	38	39
40	41	42	43	44	45	46	47	48	49
50	51	52	53	54	55	56	57	58	59
60	61	62	63	64	65	66	67	68	69
70	71	72	73	74	75	76	77	78	79
80	81	82	83	84	85	86	87	88	89
90	91	92	93	94	95	96	97	98	99

2 Écris tous les nombres que tu as coloriés :

....

....

3 Continue :

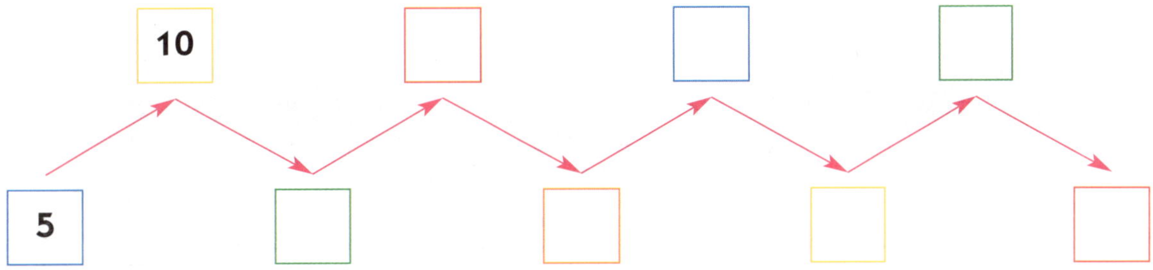

Relie les points de 1 à 120.

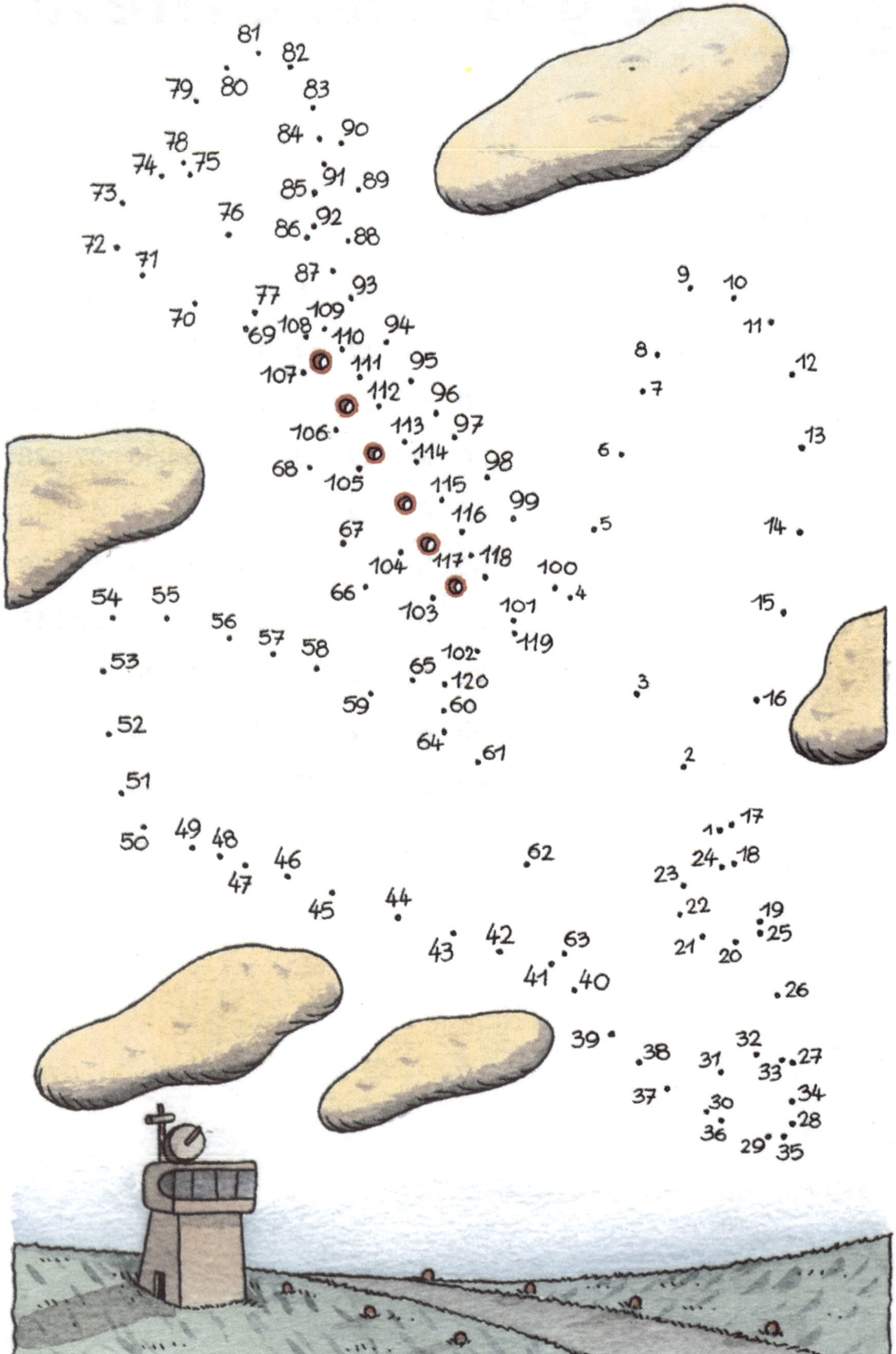

Période 4

Quinzaine 1

Quinzaine 2

Quinzaine 3

Problèmes

Le jeu de la tour

Ermel p. 93 à p. 95
Guide d'utilisation p. 44

■ *Apprendre à tirer le maximum d'une information positive ou négative.*

FEUILLE DE JEU

date : ....

Règle du jeu
Le maître choisit une tour. Les joueurs doivent découvrir cette tour en posant des questions.

date : ....

1 Dessine toutes les tours différentes, de trois étages, que l'on peut faire en n'utilisant qu'une seule fois pour chaque tour ces trois cubes : ▲ ● ★

---

2 On fait des tours avec : ▲ ● ★ ■

Dessine plusieurs tours de quatre étages où le rond est au-dessous de l'étoile.

---

3 On fait des tours avec :

▲ ● ★ ■

À l'aide des questions et des réponses, dessine au moins une tour qui contient :

– un rond au-dessus du triangle ? Non.
– Une étoile au-dessus du triangle ? Oui.

Patchwork (4) : les doubles

■ *Utiliser les doubles dans des calculs.*

date : ....

Règle de coloriage. Choisis trois couleurs très différentes et colorie :

les nombres de 5 à 14 en

les nombres de 15 à 24 en

les nombres de 25 à 36 en

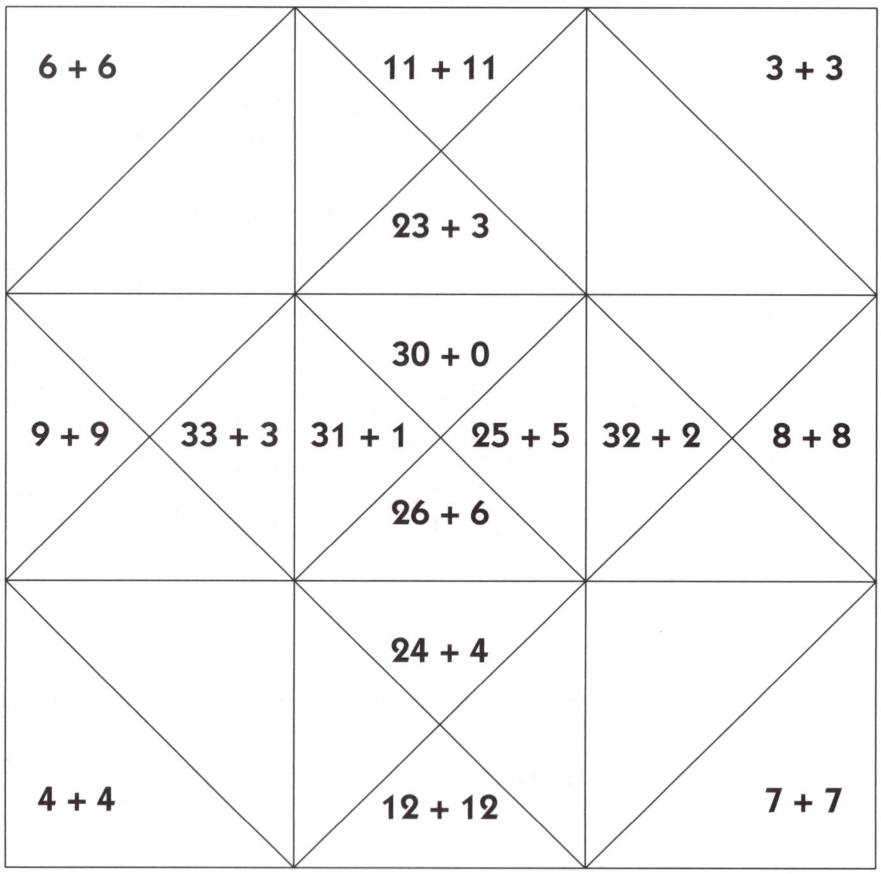

Complète :

12 + 12 = ...	24 + 4 = ...	7 + 7 = ...	4 + 4 = ...
6 + 6 = ...	11 + 11 = ...	23 + 3 = ...	3 + 3 = ...
30 + 0 = ...	31 + 1 = ...	26 + 6 = ...	25 + 5 = ...
9 + 9 = ...	33 + 3 = ...	32 + 2 = ...	8 + 8 = ...

Les nombres pour anticiper et pour calculer

Ermel p. 188 et p. 189
Guide d'utilisation p. 44

Le labynombre (3)

■ *Compter de 2 en 2.*

date : ....

Trouve un chemin de l'entrée à la sortie en comptant de 2 en 2.

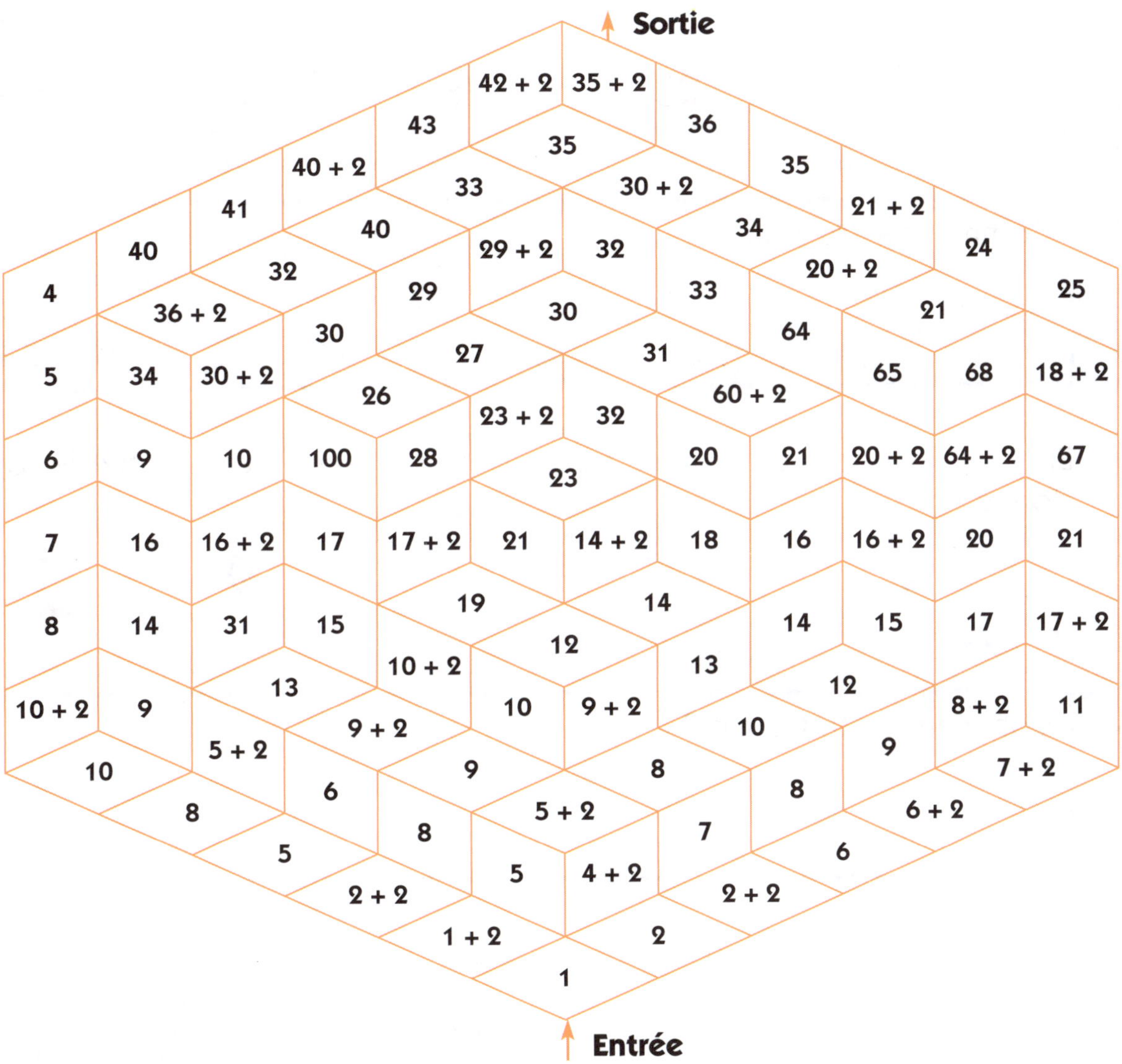

Complète.

Départ 1 3 5 17

.... 21 ....

Les nombres pour anticiper et pour calculer

Ermel p. 226 et p. 227
Guide d'utilisation p. 44

Le bon compte

■ *Composer un nombre déterminé en choisissant dans une liste de nombres possibles.*

date : ....

1 Entoure les nombres que tu choisis pour réaliser ou approcher le total donné :

7 5 4 3 **14**

Comment as-tu trouvé ?

2 Entoure les nombres que tu choisis pour réaliser ou approcher le total donné :

4 6 2 9 **16**

Comment as-tu trouvé ?

3 Entoure les nombres que tu choisis pour faire le total donné :

4 3 3 2 6 5 **12**

Comment as-tu trouvé ?

4 Entoure les nombres que tu choisis pour faire le total donné :

10 6 2 4 7 5 **27**

Comment as-tu trouvé ?

5 Quel total faut-il trouver ?

(7) 5 (3) (1) (9) ☐

6 Quel total approché de 27 trouves-tu ?

(5) (8) (6) (2) 9 (4) ☐

7 Écris les nombres que le maître te dicte.

Connaître les nombres

Ermel p. 321 à p. 328
Guide d'utilisation p. 45

Le banquier 5 contre 1

■ *Savoir échanger suivant une règle d'échanges et comparer des gains.*

FEUILLE DE JEU 1

date : ....

Règle d'échanges

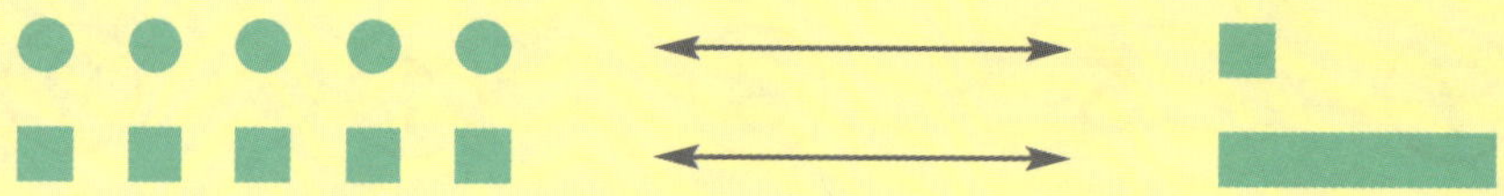

1 Un enfant a gagné des jetons, aide-le à faire les échanges.

Dessine ce qu'il a, après les échanges.

2 Pour chaque partie, compare les gains des 2 joueurs.

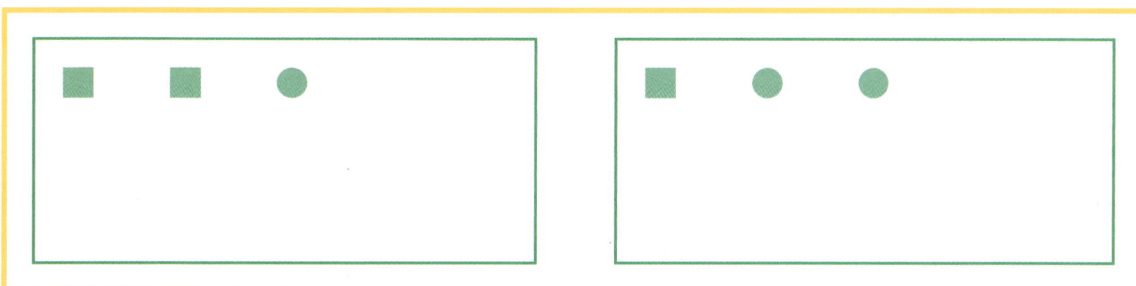

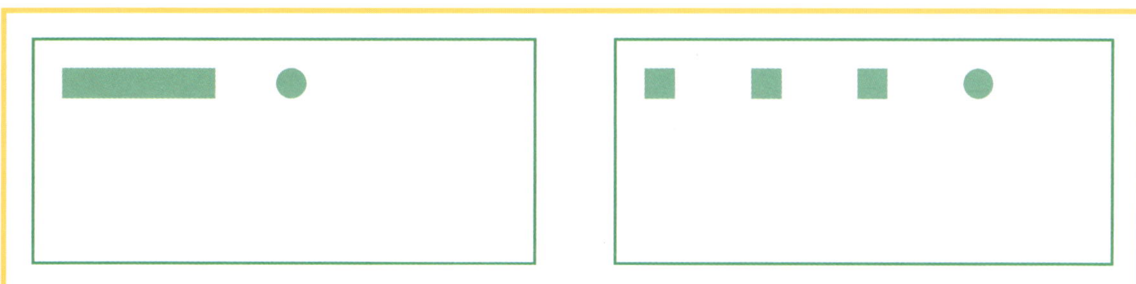

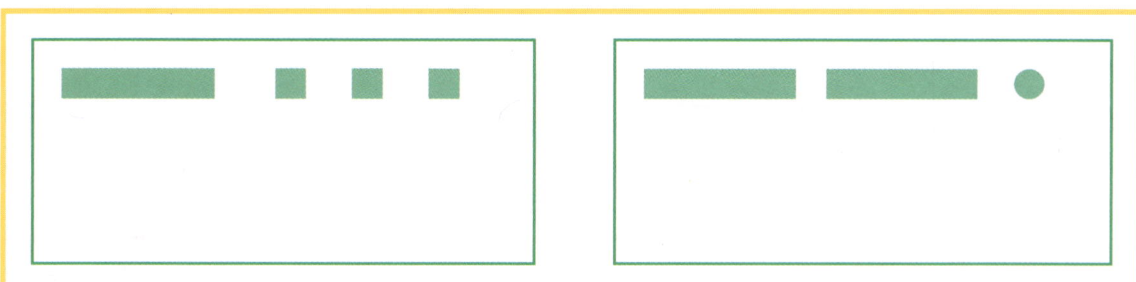

FEUILLE DE JEU 2

date : ....

RÈGLE D'ÉCHANGES

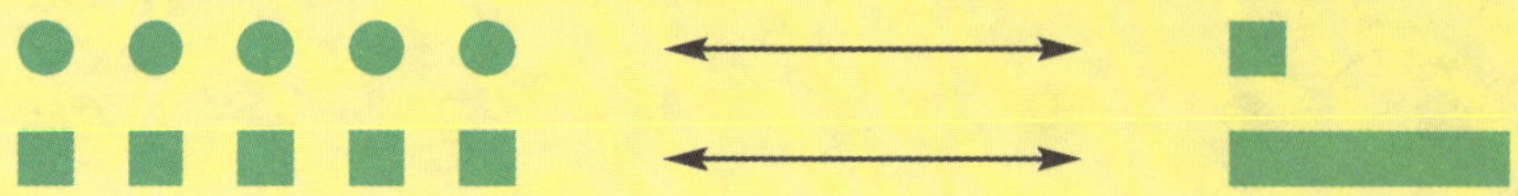

Jetons gagnés
après les échanges :

date : ....

3 Éric, Zoé et Lucie ont joué au banquier. Voilà ce qu'ils ont gagné :

Qui a gagné ? .... Qui a perdu ? ....

4 Aurélie, Rémi, Denis et Anne ont joué au banquier. Voilà ce qu'ils ont gagné :

Qui est le premier et a gagné ? : .... Pourquoi ?

....

Le 2e est : .... Le 3e est : ....

Le 4e est : .... Il a perdu, il n'a pas de ....

5 Tu as joué au banquier. Voilà tes dés :

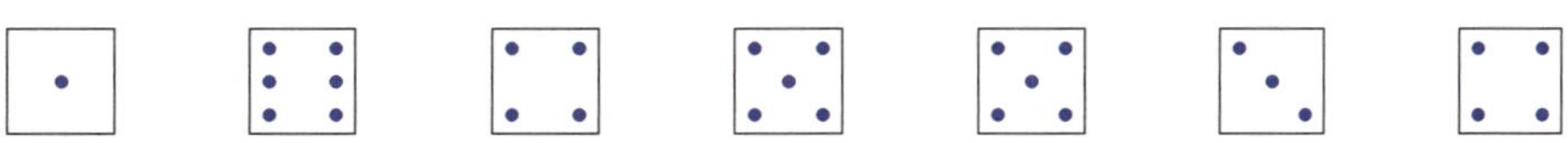

Dessine les jetons que tu as gagnés.

Les nombres pour anticiper et pour calculer

Ermel p. 188 et p. 189
Guide d'utilisation p. 48

Le labynombre (4)

■ *S'entraîner à calculer sur des écritures additives et soustractives.*

date : ....

Trouve le chemin en coloriant les cases qui font 10, du départ à l'arrivée. Regarde bien les flèches.

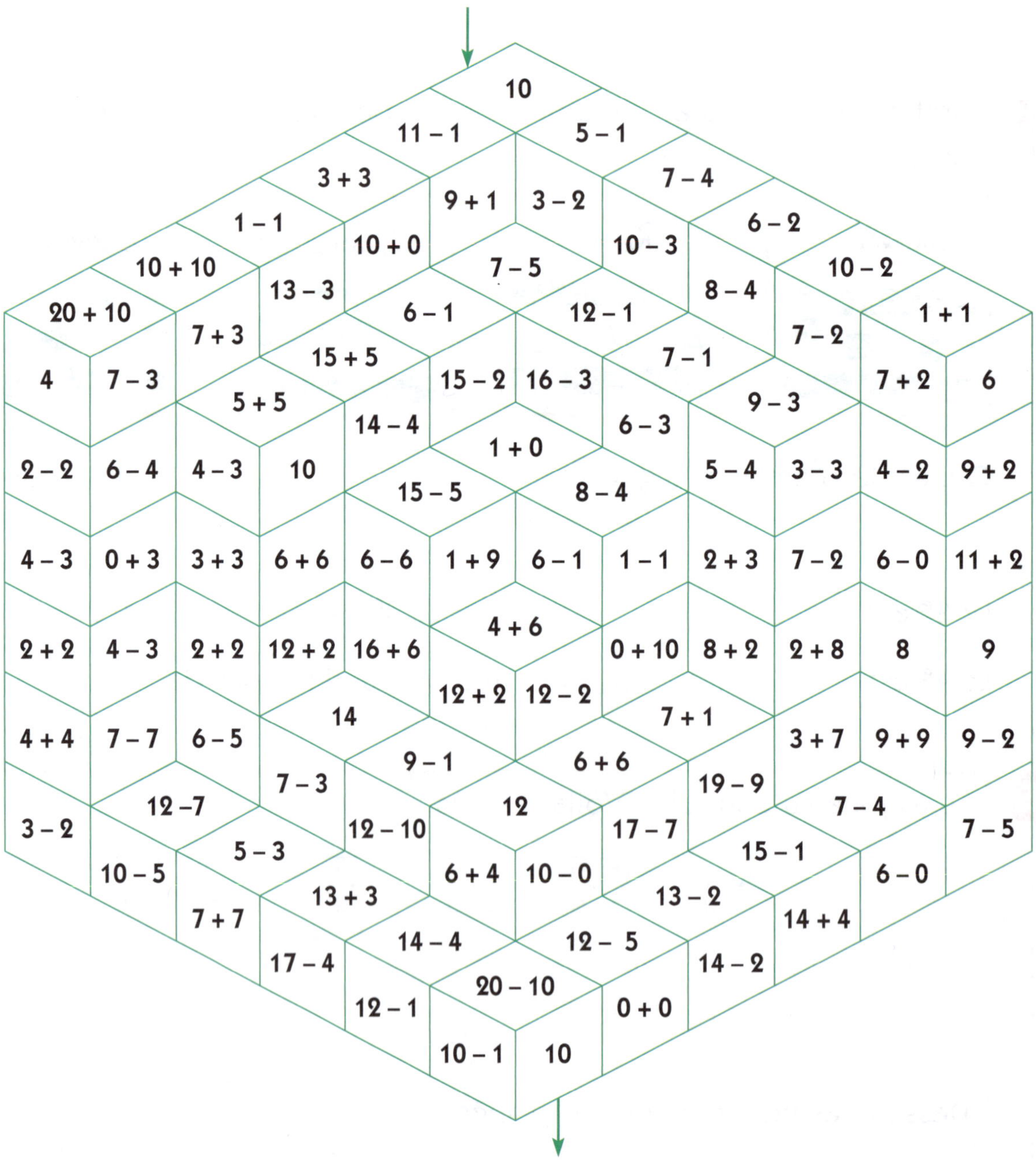

Les nombres pour anticiper et pour calculer

Ermel p. 188 et p. 189
Guide d'utilisation p. 48

Le labynombre (5)

■ *S'entraîner à retrouver la suite écrite de 2 en 2 en calculant parfois sur des écritures soustractives.*

date ....

1 Trace le chemin en comptant de 2 en 2.

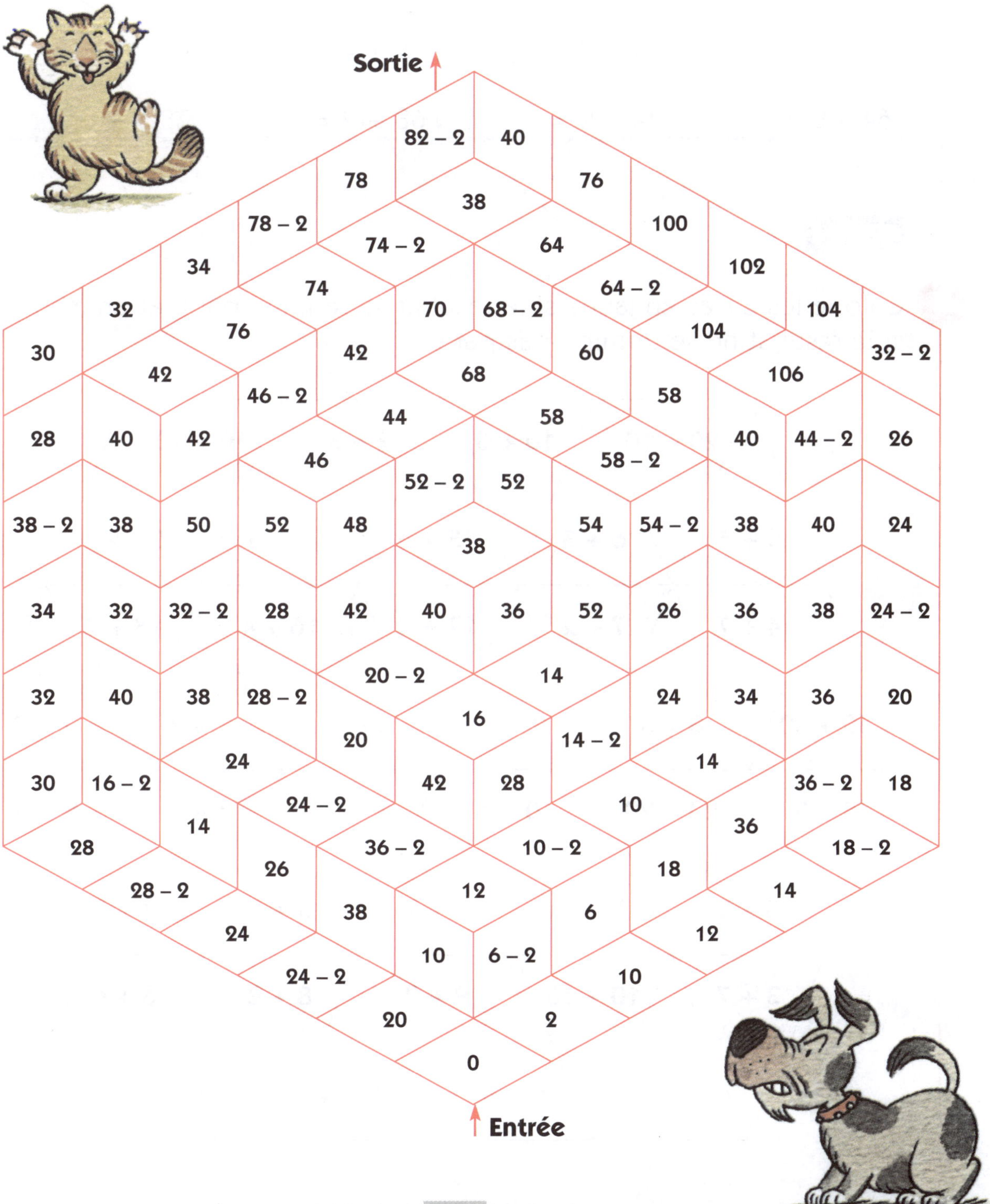

2 Complète le tableau.

52 + 2 = ...	36 − 2 = ...	54 − 2 = ...	24 − 2 = ...
46 + 2 = ...	6 − 2 = ...	28 − 2 = ...	10 − 2 = ...
64 + 2 = ...	78 − 2 = ...	10 + 2 = ...	6 + 2 = ...
14 + 2 = ...	48 − 2 = ...	98 + 2 = ...	36 + 2 = ...
28 + 2 = ...	52 − 2 = ...	16 + 2 = ...	68 − 2 = ...
64 − 2 = ...	14 − 2 = ...	68 + 2 = ...	78 + 2 = ...

date : ....

3 Colorie les cases en jaune si le résultat se termine par 0 et en marron si le résultat ne se termine pas par 0.

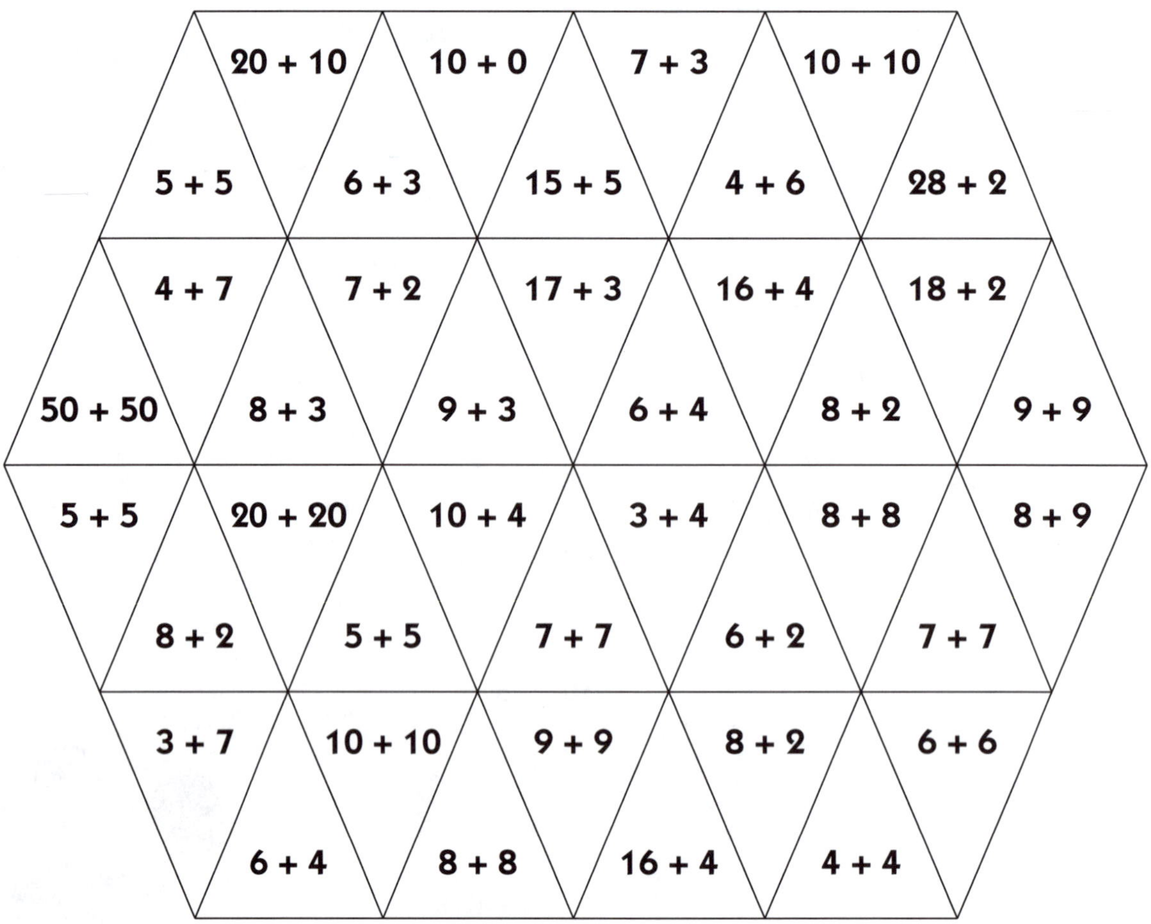

Connaître les nombres

Ermel p. 333 à p. 339
Guide d'utilisation p. 49

Les fourmillions

■ *Faire des groupements par 10.*

date : ....

On représente :

une boîte de mille — un sac de cent — un paquet de 10 — une unité

1 Sur la table, la maîtresse a posé :

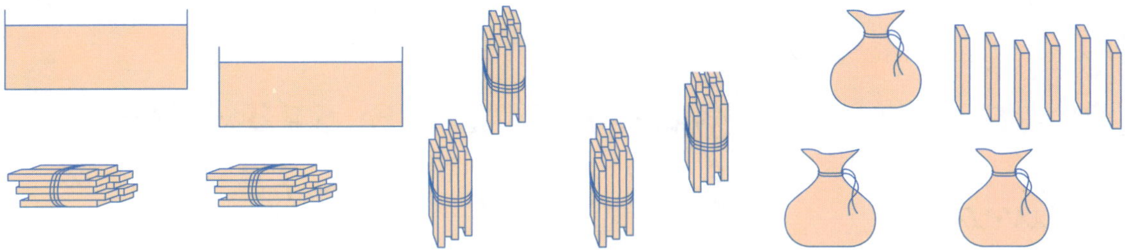

Combien y a-t-il de bâtons ?

mille	centaines	dizaines	unités

2 Nous avons reçu trois messages.
Pour chacun, écris le nombre de bâtons correspondant.

5 sacs de cent 2 boîtes de mille 4 bâtons 1 paquet de dix	
30 + 400 + 2 000 + 8	
7 centaines + 2 dizaines + 1 mille	

3 Tu veux envoyer un message pour que l'on connaisse ton nombre de bâtons. Trouve au moins une façon d'écrire ton message.
Tu as 2 637 bâtons.

4 Chaque jour, 2 classes comparent leur nombre de bâtons.
Entoure le plus grand nombre.
Écris le nombre de bâtons qu'il faut pour que les 2 classes en aient autant.

lundi	*classe 1* → 3 578 *bâtons* *classe 2* → 3 478 *bâtons* *Il faut encore :*
mardi	*classe 1* → 3 835 *bâtons* *classe 2* → 3 875 *bâtons* *Il faut encore :*
jeudi	*classe 1* → 2 020 *bâtons* *classe 2* → 2 022 *bâtons* *Il faut encore :*

5

Sur la table, il y a :

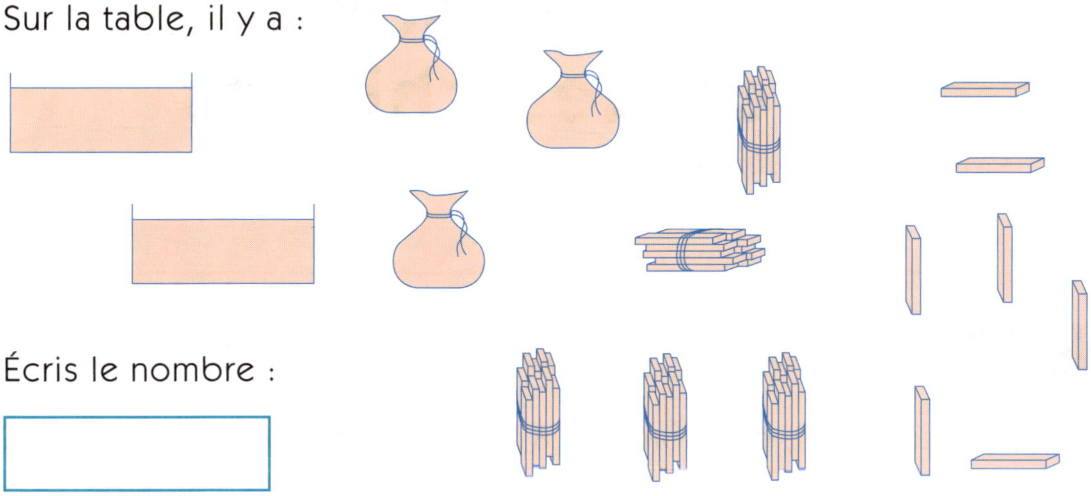

Écris le nombre :

On a apporté :

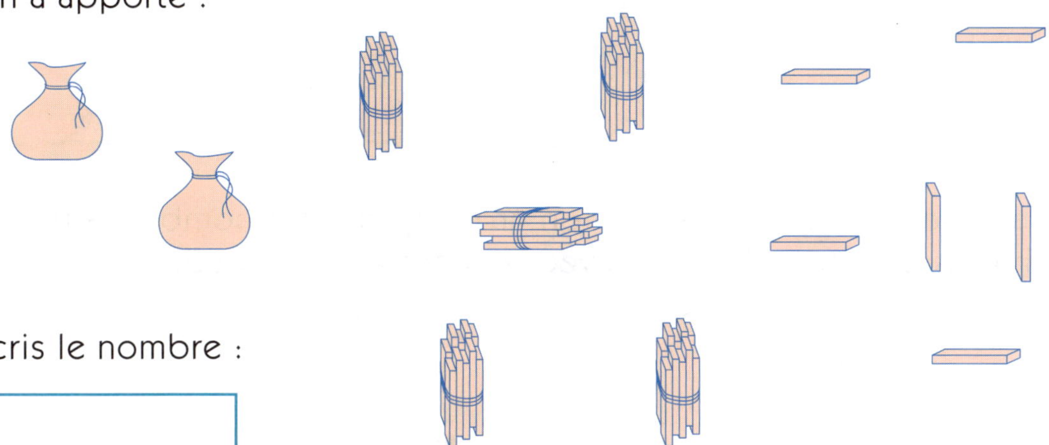

Écris le nombre :

Dessine ce qu'il y a maintenant sur la table, après les échanges :

Écris le nombre :

Problèmes

Ermel p. 101 et p. 102
Guide d'utilisation p. 52

Faire des nombres avec des chiffres

■ *Construire un ensemble-solution et s'organiser pour chercher.*

date : ....

1 Cherche, tout seul, des nombres à trois chiffres que tu peux écrire avec les chiffres : 1, 3 et 5.

2 Cherche, avec les élèves de ton groupe, tous les nombres à trois chiffres que tu peux écrire avec les chiffres : 1, 3 et 5.

date : ....

3 Avec les chiffres 1, 6 et 8, un élève a trouvé les nombres suivants :

861 168 618.

Trouve les nombres manquants.

4 Trouve tous les nombres de 2 chiffres qu'on peut écrire avec les chiffres : 1, 2, 3 et 4.

Les nombres pour anticiper et pour calculer

Ermel p. 161 à p. 164
Guide d'utilisation p. 52

La monnaie : les pièces et les billets

■ *Comprendre que la valeur d'un ensemble de pièces et de billets ne dépend pas du nombre de ces pièces ou de ces billets.*

date : ....

1 Écris ce que contient ton enveloppe :

....

Dans ton groupe :

– Qui est le plus riche et a le plus d'argent ?

.... a .... €.

– Qui a le moins d'argent ?

.... a .... €.

– Qui a la même somme, autant d'argent ?

.... ont .... €.

2 Écris la somme que tu as dans ton enveloppe : j'ai .... €.

Trouve d'autres manières de faire cette somme avec des pièces de 1 €, 2 €, et des billets de 5 €, 10 €, 20 € et 50 €.

....

....

....

....

....

....

date : ....

3 Cherche plusieurs manières de constituer la somme que le maître t'a indiquée.

.... Euros		.... pièces ou billets
		.... pièces ou billets
		.... pièces ou billets
		.... pièces ou billets
		.... pièces ou billets

4 Dessine ou écris ce qu'il faut pour avoir 100 €.

Colle ici le billet de 100 € que le maître te donne.

Les nombres pour anticiper et pour calculer

Ermel p. 167 et p. 168
Guide d'utilisation p. 53

La marchande de jouets

■ *Utiliser la monnaie.*

date : ....

1 Une marchande vend des jouets à 13€, 25€ et 38€.
Tu as dans ton porte-monnaie 5 billets de 10€, 6 billets de 5€, 4 pièces de 2€ et 2 pièces de 1€.
Tu veux acheter les trois jouets, que vas-tu donner à la marchande ?

Écris ta réponse : ....

2 Tu veux acheter :

Tu as dans ton porte-monnaie 1 billet de 50€, 5 billets de 10€ et 4 pièces de 2€.
Que vas-tu donner à la marchande ?

Écris ta réponse : ....

Le quadrillage bicolore

■ *Utiliser simultanément les signes + et –.*

date : ....

(rose) On gagne des jetons — (bleu) On perd des jetons

1 Tu as 10 jetons dans ta boîte.
Tu joues :

1	3	2
○ 2	1	3

Écris ce que tu as dans ta boîte :

....

2 Tu as 38 jetons dans ta boîte.
Tu joues :

1	3 ○	2
2	1	3

Écris ce que tu as dans ta boîte :

....

3 Tu avais 12 jetons dans ta boîte. Tu as joué. Maintenant, tu as 10 jetons. Place le palet dans la bonne case.

1	3	2
2	1	3

4 Tu avais 49 jetons dans ta boîte. Tu as joué. Maintenant, tu as 51 jetons. Place le palet dans la bonne case.

1	3	2
2	1	3

5 Tu avais des jetons dans ta boîte. Tu as joué. Maintenant, tu as 14 jetons.

1	3	○ 2
2	1	3

Combien avais-tu de jetons avant de jouer ? ....

6 Tu avais des jetons dans ta boîte. Tu as joué. Maintenant, tu as 11 jetons.

1	3	2
2	1	3 ○

Combien avais-tu de jetons avant de jouer ? ....

Les nombres pour anticiper et pour calculer

Ermel p. 184 à p. 187
Guide d'utilisation p. 53

Patchwork (5)

■ *Soustraire un petit nombre ou calculer un écart entre deux nombres proches. Retrancher un petit nombre avec passage à la dizaine.*

date : ....

1 Colorie chaque case en respectant la règle.

Le chiffre des unités est :

9
8
7

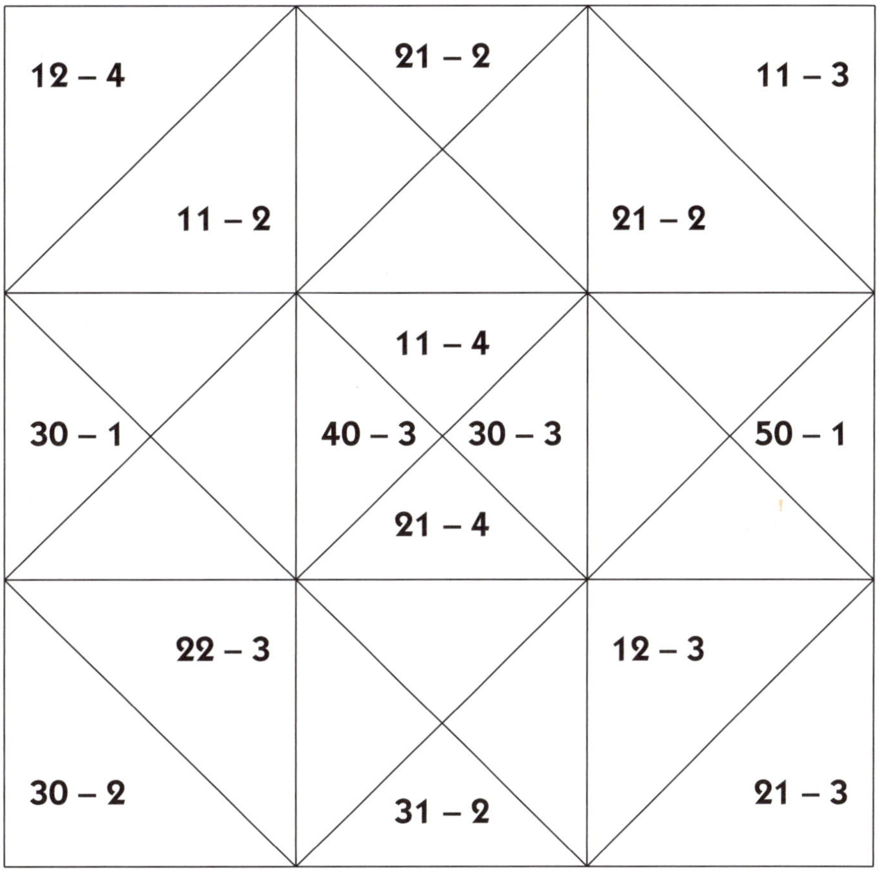

2 Colorie chaque case en respectant la règle.
Le résultat est : moins de 6 / de 6 à 10

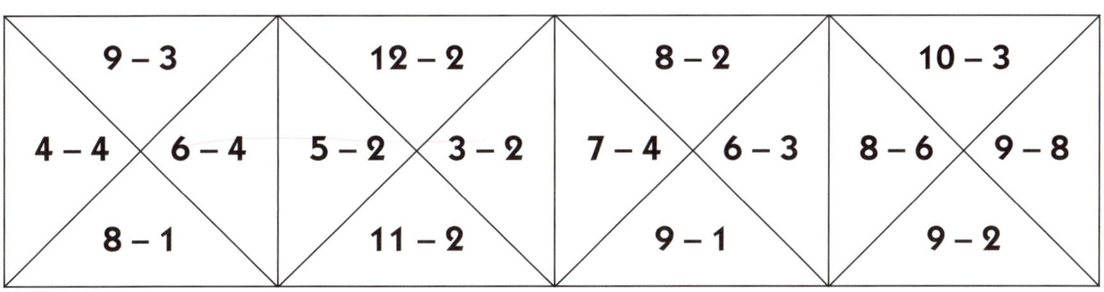

Le labynombre (6)

■ *Reconnaître la suite des nombres de 1 à 40 à partir d'écritures différentes.*

date : ....

Trace le chemin qui te permet de traverser le labynombre en comptant de 1 à 40.

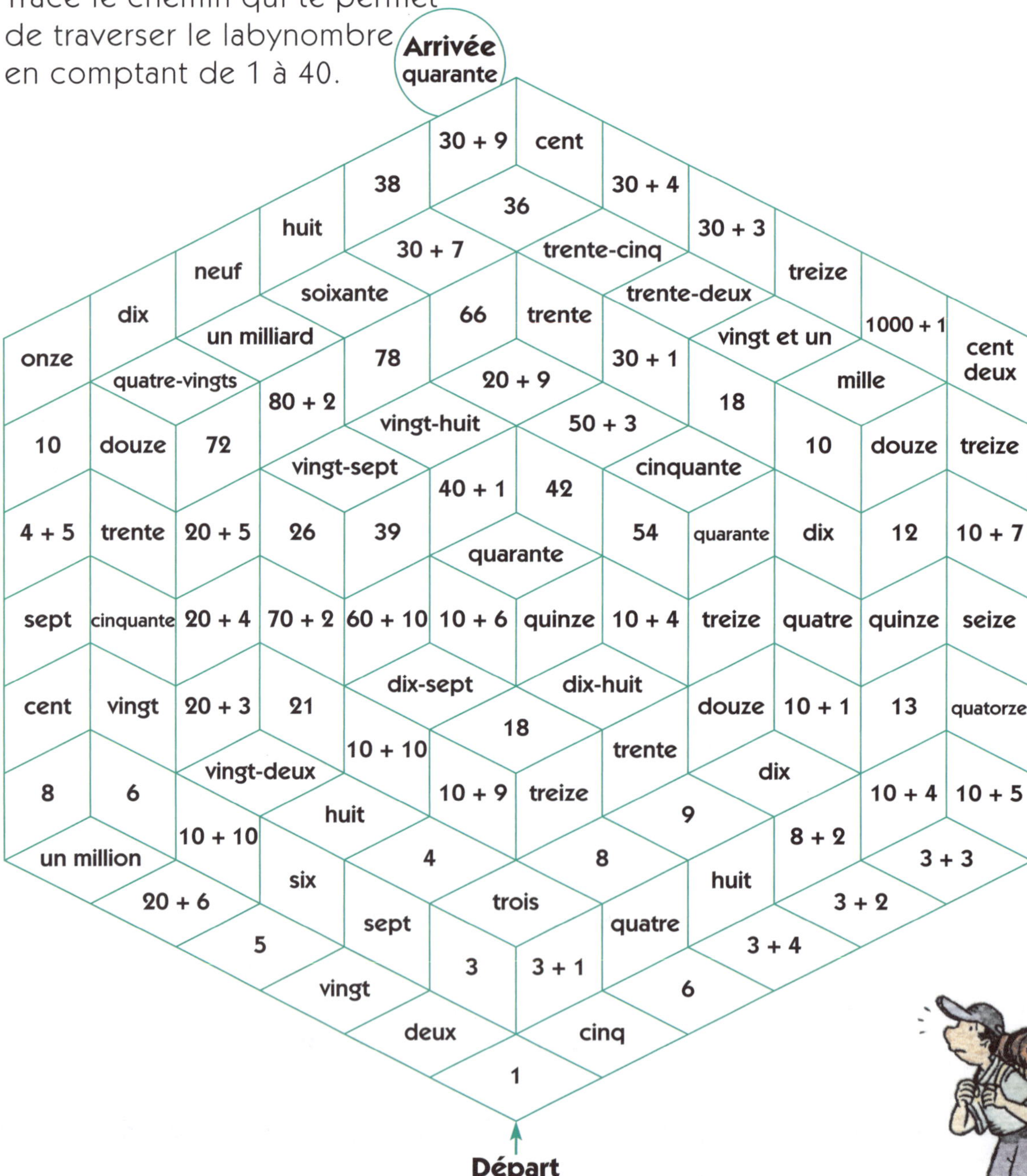

Ermel p. 188 et p. 189
Guide d'utilisation p. 53

Le labynombre (7)

■ *Reconnaître les décompositions de 10 en somme de trois termes.*

date : ....

Trouve un chemin ne passant que par les cases de 10 points.
Regarde bien la flèche du départ.
Trace une flèche pour sortir.

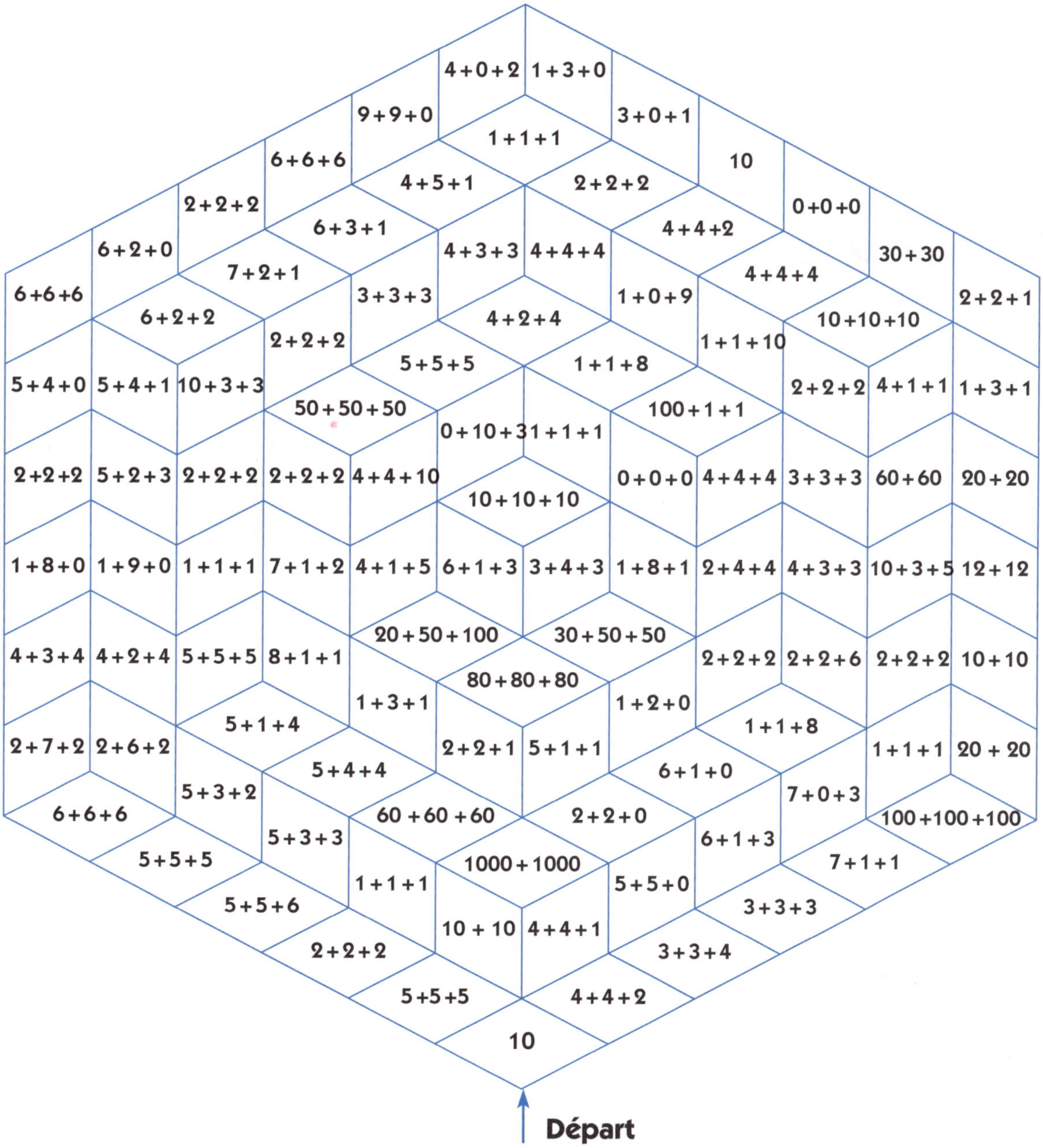

Ermel p. 309 à p. 311
Guide d'utilisation p. 54

La calculette (1)

■ *Prendre conscience que lorsqu'on compte (décompte) de n en n, on passe d'un nombre au suivant en ajoutant (retranchant) n.*

date : ....

1 J'ai affiché 4.
J'ai appuyé sur les touches :

[+] [1] [=] [+] [1] [=] [+] [1]

Écris le nombre qui s'affiche :

2 J'ai affiché 29.
J'ai appuyé sur les touches :

[+] [1] [=]

Écris le nombre qui s'affiche :

3 J'ai affiché 56.
J'ai appuyé sur les touches :

[+] [3] [=] [+] [5] [=] [+] [10] [=]

Écris le nombre qui s'affiche :

4 J'ai affiché 70.
J'ai appuyé sur les touches :

[−] [1] [=] [−] [3] [=]

Écris le nombre qui s'affiche :

5 Change un chiffre dans un nombre sans utiliser la touche d'effacement et en utilisant le moins de touches possible.

Tu affiches 32. Comment faire pour afficher 62 sans effacer ?

Tu affiches 452. Comment faire pour afficher 752 sans effacer ?

Période 5

Quinzaine 1

Quinzaine 2

Quinzaine 3

Ermel p. 102 et p. 103
Guide d'utilisation p. 56

Des problèmes (1)

■ *Traiter des informations.*

date : ....

1 Voici des nombres : **27** **63** **87** **38**

J'ai choisi un nombre de cette liste. Trouve ce nombre.
Pour t'aider, je te donne des renseignements. Colorie de la couleur du renseignement la case des nombres que tu élimines :

il est plus grand que 35

le chiffre des dizaines n'est pas 8

mon nombre est plus petit que 50

Écris ta réponse : ....

2 Trouve plusieurs manières de faire 17 € avec des pièces de 1 €, 2 € et des billets de 5 €.

....

....

....

Trouve plusieurs manières de faire 71 € avec des pièces ou des billets de 1€ 2€ 5€ 10€ 20€ et 50€

....

....

....

....

3 Sophie a choisi une des 8 poupées.
Trouve la poupée que Sophie a choisie et entoure-la.

Elle a un pantalon, elle n'a pas de chapeau, elle n'a pas de pull.

4 Sophie a choisi une des 8 poupées.
Trouve la poupée que Sophie a choisie et entoure-la.

Elle n'a pas de jupe, elle n'a pas de chapeau, elle n'a pas de pull.

5 Sophie a choisi une des 8 poupées.
Trouve la poupée que Sophie a choisie et entoure-la.

Elle a un pantalon, elle a un nœud, elle a une veste.

Les nombres pour anticiper et pour calculer

Ermel p. 204 à p. 206
Guide d'utilisation p. 56

Activités d'entraînement

Savoir faire des calculs additifs ou soustractifs.

date : ....

1 Tu t'es déplacé sur une piste.

Cherche la case d'arrivée : 31 – 2 = ...

Cherche la valeur du dé : 29 – .... = 27

Cherche la case de départ : .... + 3 = 43

2 Complète.

24 + 6 = ...	23 – .... = 21	18 + ... = 26
.... – 2 = 19	.... + 5 = 25	38 – 7 = ...
24 – 4 – 2 = ...	32 – 3 – 1 = ...	12 + ... + ... = 18

3 Cherche les signes entre les nombres.

42 ☐ 25 = 67

37 ☐ 10 ☐ 3 = 30

85 ☐ 10 ☐ 10 ☐ 10 ☐ 10 = 105

95 ☐ 10 ☐ 10 ☐ 10 = 105

68 ☐ 10 ☐ 10 ☐ 10 = 98

78 ☐ 10 ☐ 10 ☐ 10 ☐ 10 ☐ 10 = 108

Connaître
les nombres

Ermel p. 328 et p. 329
Guide d'utilisation p. 57

Le banquier 10 contre 1

■ *Comprendre les échanges 10 contre 1.*

FEUILLE DE JEU 1

date : ....

RÈGLE D'ÉCHANGES

Écris tes points :

Total

Dessine les jetons que tu as sur ta table en fin de jeu.

date : ....

1 Voilà tes jetons :

■ ■

Combien en as-tu ? ....

Tu les échanges. Dessine ce que tu as, après avoir échangé.

2 Voilà la feuille de jeu d'Émilie.
Cherche ce qu'elle a gagné (en jetons).

1 + 2 =
4 + 3 =
5 + 5 =
2 + 2 =
6 + 6 =
Total

Dessine les jetons qu'Émilie a sur sa table, après les échanges.

3 Un joueur a gagné : 

Combien de points a-t-il gagné avec les dés ? ....

Dessine les jetons qu'il lui manque pour gagner un autre jeton rouge.

4 Un joueur a oublié de dessiner ses jetons en fin de jeu.
Il sait qu'il a gagné, avec les dés, 53 points.

Dessine ses jetons, après les échanges.

5 Deux enfants jouent au banquier.
Voilà ce qu'ils ont gagné en fin de jeu, après avoir échangé :

 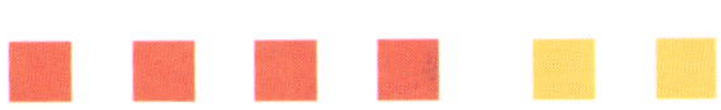

Qui a gagné ? ....

Pourquoi ? ....

date : ....

RÈGLE D'ÉCHANGES

Écris les nombres de tes cartes :

Calcule les points gagnés.

Dessine les cubes gagnés.

6 Complète.

2 + 2 + 2 + 2 + 2 = ...

5 + 5 + 5 + 5 = ...

5 + 5 + 5 + 5 + 5 + 5 + 5 + 5 + 5 = ...

5 + 5 + 5 + 1 = ...

5 + 5 + 5 + 5 + 10 + 10 = ...

10 + 10 + 2 + 2 = ...

5 + 5 + 5 + 5 + 8 = ...

2 + 2 + 2 + 2 + 2 + 2 + 2 = ...

2 + 2 + 2 + 2 + 8 = ...

4 + 4 + 8 = ...

10 + 10 + 10 = ...

10 + 2 + 2 + 2 + 2 + 1 = ...

5 + 5 + 10 = ...

2 + 2 + 2 + 6 = ...

2 + 2 + 2 + 2 + 2 + 2 + 2 + 2 + 2 = ...

4 + 5 + 1 = ...

1 + 12 = ...

5 + 15 = ...

27 + 1 = ...

1 + 16 + 1 = ...

4 + 5 = ...

4 + 4 + 2 = ...

9 + 9 = ...

2 + 11 = ...

2 + 5 = ...

3 + 7 = ...

20 + 20 = ...

7 + 2 = ...

50 + 10 = ...

18 + 2 = ...

Écris sur le tableau ce que tu sais aussi compter :

Les nombres pour anticiper et pour calculer

Ermel p. 172
Guide d'utilisation p. 60

Des problèmes (2)

■ *Élaborer des procédures de résolution de problèmes.*

date : ....

1 Tu réalises une fleur à partir du cœur en utilisant des bandes de 6 pétales comme celle-ci :

Combien te faudra-t-il de bandes de pétales pour habiller ta fleur

de .... pétales ?

J'ai besoin de .... bandes de pétales. Il me reste .... pétales.

2 Caroline veut offrir à sa maman un bouquet de 33 fleurs, car c'est son anniversaire : elle a 33 ans. La fleuriste ne peut lui donner que plusieurs petits bouquets de 10 fleurs.
Combien devra-t-elle acheter de petits bouquets pour avoir juste ce qu'il faut pour le bouquet de sa maman ?

Caroline achète .... petits bouquets. Lui restera-t-il des fleurs ?

Combien ? ....

Les tigres

■ *Élaborer des procédures de résolution de problèmes.*

date : ....

Au cours d'une chasse aux tigres, les hommes du village ont tué

.... tigres.

Il faut 2 hommes pour porter un tigre jusqu'au village. Combien faut-il d'hommes pour rapporter tous les tigres tués ?

Nombre de tigres tués : ....

Nombre d'hommes pour les porter : ....

Explique ta réponse : ....

Les nombres pour anticiper et pour calculer

Ermel p. 234 à p. 237
Guide d'utilisation p. 60

Le nombre-cible des dizaines

■ *Étendre les premières compétences acquises aux calculs additifs portant sur des dizaines entières.*

FEUILLE DE JEU

date : ....

RÈGLE DU JEU
Chaque joueur choisit 3 cartes, à son tour. La somme des nombres écrits sur ces cartes doit être égale au nombre-cible affiché au tableau.

Dessine les cartes que tu as choisies.

cible :

Voilà les cartes qui sont sur la table de ton groupe :

10 20 30 40

Dessine les 3 cartes que tu as choisies pour trouver le nombre-cible.

cible :

Voilà les cartes qui sont sur la table de ton groupe :

20 30 40 50 60

Dessine les 3 cartes que tu as choisies pour trouver le nombre-cible.

cible :

date : ....

1 Entoure 3 cartes que tu peux choisir pour atteindre la cible.

cibles	cartes					
50	10	40	20	30	10	10
70	50	40	20	10	30	10
60	10	30	20	20	50	20
100	70	20	10	40	30	50

2 Choisis, si tu le peux, la 3^e^ carte parmi les cartes disponibles.

cibles	carte 1	carte 2	cartes disponibles pour la 3e carte			
50	10	20	30	30	10	20
60	20	20	10	30	40	20
90	10	40	20	30	30	50
110	10	40	50	40	60	10
120	60	40	50	40	10	20
100	40	30	20	60	30	40

date : ....

3 Tu dois atteindre la cible en faisant la somme de trois nombres. Cherche plusieurs réponses.

15	20	10	30	25	5

cible : **55**

4 Tu dois atteindre la cible en faisant la somme de trois nombres. Cherche plusieurs réponses.

5	20	10	25	30	15	35

cible : **70**

Problèmes

Ermel p. 111 à p. 114
Guide d'utilisation p. 63

Les partages à égaliser

■ *Prendre en charge les contraintes de la situation et passer aux procédures de calcul.*

date : ....

1 Les gobelets dessinés contiennent des jetons. Ils ne contiennent pas tous le même nombre de jetons. Les étiquettes sur chaque gobelet indiquent le nombre de jetons qu'ils contiennent.
Dans la boîte, il reste des jetons qu'on n'a pas eu le temps de mettre dans les gobelets. L'étiquette collée sur la boîte indique le nombre de jetons qu'elle contient.
Tu dois répartir tous les jetons que contient la boîte de manière à ce qu'il y ait le même nombre de jetons dans chaque gobelet.
On doit comprendre ce que tu as fait en lisant ta feuille.

Écris les nombres que le maître t'a donnés, sur les gobelets et sur la boîte.

date : ....

2 Trois enfants, André, Bruno et Claire ont ramassé des coquillages.
André en a 25, Bruno en a 33, et Claire en a 20.
Il veulent en avoir autant chacun.
Combien chacun en aura-t-il ?

Chaque enfant aura .... coquillages.

Ermel p. 209 et 210
Guide d'utilisation p. 64

La calculette (2)

■ *Utiliser à bon escient la calculette.*

date : ....

Complète les opérations.
Mets une croix dans la bonne colonne
pour dire si tu as utilisé ou non la calculette.

	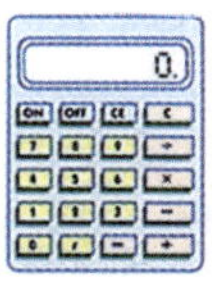	
5 + 15 =		
14 + 29 =		
200 + 100 =		
3 + 17 =		
1 + 250 =		
10 + 10 =		
152 + 2 =		
8 – 1 =		
18 – 8 =		
17 – 13 =		
25 – 19 =		
9 pour aller à 10		
18 pour aller à 20		
5 + 1 + 12 =		
25 + 15 + 8 =		
128 – 28 =		

Ermel p. 210 et 211
Guide d'utilisation p. 64

Des problèmes (3)

■ *Résoudre certains problèmes additifs ou soustractifs.*

date : ....

1 Paul a des billes dans son sac.
Il en gagne 3, il en a maintenant 15, il en gagne encore 4.
Combien a-t-il de billes à la fin ?
Saurais-tu trouver combien il avait de billes avant de jouer ?

À la fin, il a .... billes.

Avant de jouer, il avait .... billes.

2 Isabelle achète 5 caramels.
Elle en donne 2 à sa copine et 1 à son petit frère.
Elle en perd 1.
Mais elle en reçoit 7 de Virginie qui en a un gros paquet ;
elle en mange 4 !
A-t-elle encore des caramels, la gourmande ?

Écris ta réponse : ....

date : ....

3 J'ai des bonbons ;
J'en mange 3 et puis encore 2.
Peux-tu dire combien il m'en reste ?

Écris ta réponse : ....

4 J'ai des bonbons ;
J'en mange 3 ; il m'en reste 15.
Peux-tu dire combien j'avais de bonbons ?

Écris ta réponse : ....

5 J'ai 12 bonbons.
J'en mange beaucoup... Oh ! Il ne m'en reste plus.
Peux-tu dire combien j'en ai mangé ?

Écris ta réponse : ....

6 J'ai 20 bonbons ;
J'en mange 2 et puis encore 3.
Peux-tu dire combien il m'en reste ?

Écris ta réponse : ....

Les nombres pour anticiper et pour calculer

Ermel p. 238 à p. 242
Guide d'utilisation p. 64

Les carrelages (1)

■ *Donner du sens à l'algorithme usuel de l'addition en réinvestissant des règles de numération.*

date : ....

1 Pour carreler la cuisine d'Arnaud, il faut commander 25 carreaux.
Pour carreler la cuisine de Claire, il faut commander 37 carreaux.
Pour carreler les 2 pièces, il faut commander :

.... paquets de dix. .... carreaux isolés.

date : ....

2 Soit les trois pièces A, B et C à carreler.
Écris pour chaque pièce ce que tu commandes.
Calcule ta commande pour carreler les trois pièces.

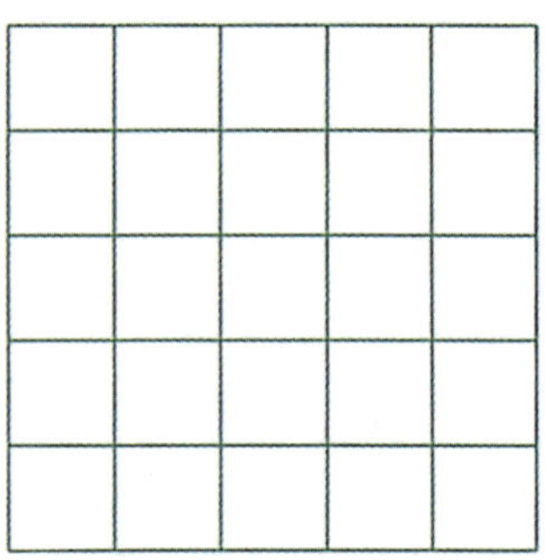

A

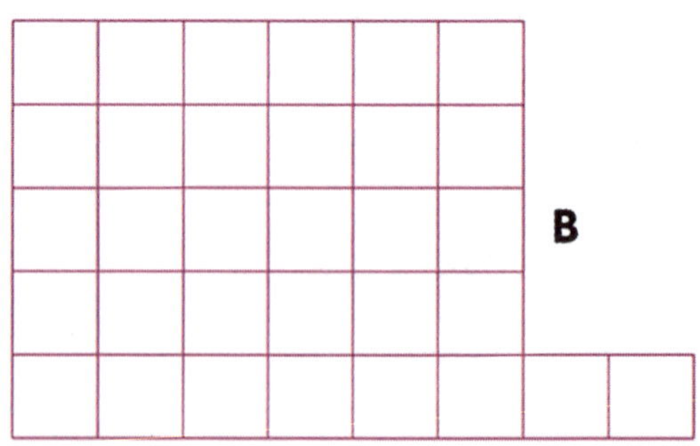

B

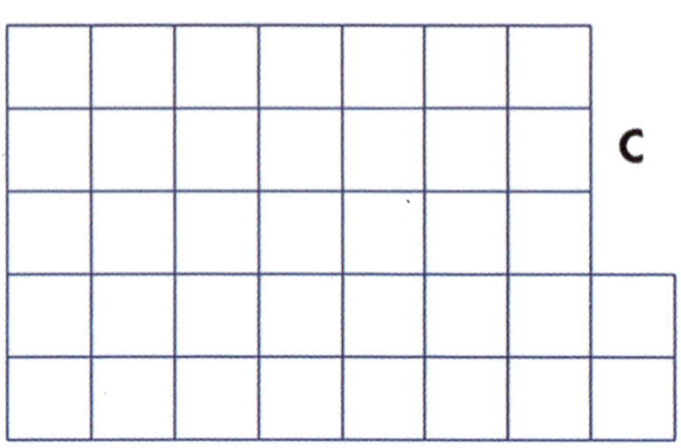

C

Pièces	A	B	C	Commande pour carreler les 3 pièces
Nombre de paquets de 10				
Nombre de carreaux isolés				

Connaître les nombres

Ermel p. 339 à p. 345
Guide d'utilisation p. 64

Les carrelages (2)

■ *Comprendre et utiliser l'équivalence : une dizaine égale dix unités.*

date : ....

1 Il me faut 95 carreaux. Je commande :

.... paquets de dix carreaux et .... carreaux.

2 Il me faut .... carreaux.

Je commande : 7 paquets de dix carreaux et 6 carreaux.

3 Michel a 53 carreaux dans sa cuisine.
Il a commandé 5 paquets de 10 et 3 carreaux.
A-t-il juste ce qu'il lui faut de carreaux ?

.... parce que ....

A-t-il bien commandé ?

.... parce que ....

4 Carole a 42 carreaux dans sa cuisine.
Elle commande 3 paquets de 10 et 12 carreaux.

A-t-elle juste ce qu'il lui faut de carreaux ? ....

5 Benoît a 68 carreaux dans sa cuisine.
Il a commandé 6 paquets de 10 et 5 carreaux.

A-t-il juste ce qu'il lui faut de carreaux ? ....

6 J'ai commandé juste le nombre de carreaux qu'il me faut pour ma salle d'eau. J'ai commandé 4 paquets de 10 et 5 carreaux.

Combien y a-t-il de carreaux dans ma salle d'eau ? ....

7 Julien voudrait 40 carreaux.
Il a commandé 3 paquets de 10 et 10 carreaux.

A-t-il eu raison ? .... S'il s'est trompé, refais sa commande.

....

8 Samia a demandé 53 carreaux.
Le vendeur lui a donné 3 paquets de 10 et 5 carreaux.

A-t-il eu raison ? .... Pourquoi ? ....

9 Évelyne a demandé 36 carreaux.
Le vendeur lui a donné 6 paquets de 10 et 3 carreaux.

A-t-il eu raison ? .... Pourquoi ? ....

10 Le vendeur a mélangé ses bons de commande.
Aide-le à retrouver celui de Mahmed et de Céline sachant que :
– Céline a besoin de 48 carreaux ;
– Mahmed a besoin de 84 carreaux.
Entoure la commande de Mahmed en rouge et celle de Céline en bleu.

8 paquets de 10 0 carreaux	4 paquets de 10 8 carreaux	8 paquets de 10 4 carreaux	7 paquets de 10 8 carreaux

11 Complète en écrivant les nombres qui conviennent.

4 unités + 6 dizaines = ... 8 dizaines + 2 unités = ...

5 dizaines = ... 48 = ... dizaines + ... unités.

25 = ... unités + ... dizaines. 8 unités = ...

Imprimé en France par I.M.E. - 25110 Baume-les-Dames
Dépôt légal : mai 2006
N° éditeur : 11512